DIE SUCHE NACH DEM RÄTSELHAFTEN FLUSS

Expedition im
Amazonas-Regenwald

Teddy Keen

Aus dem Englischen von Cornelius Hartz

PRESTEL

München · London · New York

Liebe Leserin! Lieber Leser!

Im Jahr 2014 fanden meine Kollegen und ich in einer abgelegenen Region am Amazonas einen echten Schatz: eine versiegelte Kiste voller Karten, Tagebücher, Skizzen und vielem mehr. Sie gehörte einem unbekannten Künstler und Abenteurer, dessen Identität uns bis heute ein Rätsel ist.

Eine Auswahl dieser Notizbücher und Zeichnungen wurde bereits unter dem Titel *The Big Book of Adventure* veröffentlicht. Es ist ein Leitfaden für Abenteurer, der in zahlreiche Sprachen übersetzt wurde. Es gibt jedoch eine ganze Reihe von Tagebüchern, die es nicht in jenes Buch geschafft haben. In diesen Geschichten und Abenteuern finden sich detaillierte Berichte über einige der aufregendsten Expeditionen unseres unbekannten Abenteurers.

Ich habe beschlossen, mit einem Tagebuch zu beginnen, das offenbar zu seinen ersten gehörte: *Die Suche nach dem rätselhaften Fluss*. Es ist eine unglaubliche Geschichte, die tief im Inneren des Amazonas-Regenwalds spielt – und damit beginnt, dass jemand eine verlorene Karte findet. Den Ort auf dieser Karte werde ich geheim halten. Du wirst noch merken, warum. Durch unsere Nachforschungen haben wir aber herausgefunden, dass es diese Region wirklich gibt. Sie ist bis heute praktisch nicht erforscht worden.

Jahreszahlen gibt es keine, doch die Ausrüstung zeigt, dass die Expedition wahrscheinlich in den 1960er-Jahren stattfand. Wie in dem Original-Tagebuch sind alle Einzelheiten und Vorkommnisse auf den folgenden Seiten so abgebildet, wie sie sich ereignet haben. Wenn sich Fehler eingeschlichen haben oder Zeichnungen nicht fertig wurden, liegt das einfach an der damaligen Expedition – und wir haben alles so gelassen. Wo Übersetzungen oder Erklärungen notwendig waren, haben wir Fußnoten am Ende der Seiten eingefügt. Sie sind mit einem * gekennzeichnet.

Als ich dieses historische Dokument zusammenstellte, hatte ich manchmal das Gefühl, als wäre ich auf dieser außergewöhnlichen Reise selbst dabei gewesen.

Ich hoffe, dass du beim Lesen denselben Nervenkitzel und dieselbe Verwunderung empfindest wie ich. Und vielleicht verspürst du den Drang, deine Tasche zu packen und die Welt um dich herum zu erkunden.

Teddy Keen
Herausgeber

Wenn du umblätterst, öffnest du das Original-Tagebuch des unbekannten Abenteurers.

Jedes Abenteuer hat einen Anfang

Dieses Tagebuch ist mein persönlicher Bericht über eine Reise tief in den Amazonas-Regenwald. Wenn du das liest, solltest du zunächst ein paar Dinge wissen.

Alle Abenteuer haben einen Moment, in dem sie geboren werden. Dieses hier begann in den Archiven der Königlich Geografischen Gesellschaft in London, wo ich auf ein seltenes, ganz verwittertes altes Buch stieß. Als ich den Staub von seinem Einband blies, erkannte ich folgende Worte: „Reisen in Britisch-Guyana in den Jahren 1835–1844". Der Autor war der Forschungsreisende und Botaniker Richard Schomburgk.

Als ich das Buch öffnete, fiel ein uraltes Stück Papier heraus. Es war eine handgezeichnete Karte, die einen gebirgigen Regenwald zeigte, durch den ein gewundener Fluss hindurchfloss. Aber die meisten Einzelheiten waren entfernt worden und man hatte einen großen Bereich des Flusses ausradiert. Als ich die Karte ans Licht hielt, konnte ich nur eine dünne blaue Linie erkennen und die Wörter „Der Letzte Fluss".

Aber was sollte das sein, der „Letzte Fluss"? Und warum war hier radiert worden? Es kam mir fast so vor, als wollte der Zeichner dieser Karte etwas verbergen. Ich las das Buch, doch der Bericht des Forschungsreisenden enthielt keinen Hinweis auf die Karte oder eine Expedition in die Berge. In dem Moment spürte ich den unwiderstehlichen Drang, die Wahrheit ans Licht zu bringen. Ich steckte die Karte und das Buch in meine Tasche und verließ das Archiv.

Ich suchte wochenlang nach Informationen, konnte aber nichts herausfinden. Hiermit wäre meine Geschichte auch schon zu Ende, hätte ich nicht zufällig Bibi, einer befreundeten Wissenschaftlerin in Brasilien, ein Foto der Karte geschickt.

Zufällig erkannte sie das darauf gezeigte Gebiet wieder! Es gehörte zu einem uralten Gebirge, das sich im Norden des Amazonas erstreckt – ein wildes und ungezähmtes Land.

Ich kann den Namen des Gebietes nicht verraten. Ich will nur so viel sagen: Diese Karte führte uns auf eine Expedition ins Ungewisse, in der Hoffnung, den „Letzten Fluss" wiederzufinden. Was wir dort dann entdeckten, brachte mich dazu, die Ortsnamen aus diesem Tagebuch zu entfernen oder zu ändern – genau wie der Zeichner der Karte. Du wirst schnell erkennen, warum.

Wenn du dieses Tagebuch liest, musst du seinen Inhalt geheim halten. Denn auch du bist ein Wächter des Letzten Flusses.

Ich hätte nie geglaubt, dass die ersten Worte in diesem Tagebuch zugleich die letzten sein könnten. Es wird nämlich schon dunkel, und wir haben die Savanne und unseren Landeplatz immer noch nicht erreicht.

Seit wir vor vier Stunden in Manaus, der Hauptstadt des Bundesstaates Amazonas, losgeflogen sind, ging es die ganze Zeit nach Norden. Es gab ein Problem mit dem Treibstoff, deshalb sind wir später losgeflogen als geplant. Die Sonne geht schon unter – wir müssen das Dorf erreichen, bevor es ganz dunkel ist. Oder unser Pilot muss blind fliegen.

Bibi sitzt mir gegenüber. Sie hat die Stirn gegen das Fenster gelehnt, ihre Augen suchen den Urwald unter uns ab. Es kann sein, dass wir abstürzen und sterben, trotzdem wirkt sie ruhig. Zu ruhig.

Unter uns windet sich ein silbern glänzender Fluss durch den Regenwald. In der Ferne erheben sich gezackte blaue Berge wie Wellen in einem stürmischen Meer. Sie sind uralt, still und unergründlich. Ich träume seit Monaten von ihnen. Welche Geheimnisse bewahrt ihr in euren dunklen Tälern? Haltet ihr den Letzten Fluss versteckt? Ich kann beinahe spüren, wie sie flüstern. Sie nutzen einen uralten Dialekt der Erde und wünschen sich, dass unser Flugzeug verschwindet, damit ihre Geheimnisse gewahrt bleiben.

Bibi hat mich gerade angestupst. Ein schwacher Schimmer in der Dunkelheit zeigt den Rand der Savanne. Gottseidank.

Dies ist eine Skizze von unserem Flug gestern Nacht.
Bald staunten wir nicht mehr über die Aussicht.
Als wir die Savanne und unseren Landeplatz sahen,
waren wir sehr erleichtert.

13. März

Ich schreibe diese Zeilen in meiner Hängematte, während ich kleine Vögel dabei beobachte, wie sie Krümel von unserem Frühstückstisch stibitzen. Durch die Lücken zwischen den Bodenbrettern unter mir kann ich ein paar räudige Hunde erkennen. Sie beschnuppern unsere Ausrüstung. Einer von ihnen wirbelt rötlichen Staub auf, dann pinkelt er gegen meinen Rucksack. Ich stampfe mit dem Fuß auf, aber er schaut nicht einmal hoch. Typisch.

Wir befinden uns in dem Dorf ~~Katawao~~.* Es liegt vier Kilometer zu Fuß von der Landebahn, auf der wir gestern Nacht gelandet sind. Atorai, ein Einheimischer, und seine Familie brachten uns zu ihrem Gästehaus, einem traditionellen Holzbau auf Stelzen mit einem Dach aus Palmwedeln. Bibi und ich möchten gerne schnell weiter, aber ein sechswöchiges Abenteuer mit dem Kanu erfordert viel Vorbereitung. Wir brauchen Vorräte. Außerdem möchte ich mich mit den Einheimischen über die Karte unterhalten. Ich will herausfinden, ob sie etwas wissen. Übermorgen wollen wir starten.

Von meinem Platz aus kann ich sehen, wo die Savanne auf den Dschungel trifft. Die grüne Wand aus Bäumen tanzt verlockend in der Hitze.

*Der Autor hat viele Namen durchgestrichen.

Bibi ist losgegangen, um einen Mangobaum zu suchen. Es war schön, sie wiederzusehen. Wir haben uns vor drei Jahren in São Paulo kennengelernt. Sie ist immer noch so wie damals: neugierig und auf beunruhigende Weise begeistert von Amphibien und Reptilien, insbesondere den gefährlichen. Inzwischen hat sie Biologie studiert.

Als Bibi die Karte sah, verstand sie gleich ihre Bedeutung. Sich über Land 100 Meter weit in den Dschungel zu begeben, kann einen ganzen Vormittag dauern – so mühsam ist es, sich mit der Machete den Weg freizuschlagen und giftigen Schlangen aus dem Weg zu gehen. Die Flüsse hier draußen sind so etwas wie Schnellstraßen ins Unbekannte, und sie beherbergen jede Menge Leben. Einen neuen Fluss zu erkunden ist eine riesige Chance, und das wissen wir beide. Bibi hofft sicherlich, ein paar neue Schlangen- oder Amphibienarten zu entdecken. Und ganz bestimmt will sie mich als Köder benutzen, um ein paar besonders tödliche Arten anzulocken.

Trotzdem bin ich froh, dass sie hier ist. Uns war von Anfang an klar, dass es eine kleine Zwei-Personen-Expedition sein musste. Eigentlich wollten wir Fremdenführer anheuern, aber dafür reichte unser Geld nicht. Ich hoffe, dass wir das nicht bereuen werden. Dies ist meine erste echte Reise in den Dschungel – und ich bin etwas nervös. Falls irgendetwas schiefgeht, sind wir auf uns allein gestellt.

Zum Glück ist Bibi im brasilianischen Araçás aufgewachsen. Sie kennt sich im Regenwald aus. Vielleicht verlasse ich mich ein wenig zu sehr auf sie, aber sie ist meine ~~beste~~ einzige Hoffnung, den Letzten Fluss zu finden und sein Geheimnis zu ergründen. Ich glaube, die Karte verbirgt mehr als ein paar neue Tierarten.

Der Rand des Regenwalds wabert in der heißen Luft

Bibi schaut sich die Savanne an

Der Rand des Regenwalds

SAVANNE

*Der Fluss Araçá liegt im Nordwesten Brasiliens. Offenbar hat Bibi als Jugendliche in dieser Region einige Zeit gelebt.

14. März

Bin heute Morgen zum Dorf gegangen – alles war ruhig. Ein paar zahme Nabelschweine liefen umher. Im Laden war Rindfleisch in Streifen zum Trocknen aufgehängt, wie alte Lappen auf einer Wäscheleine. Ich habe unsere Verpflegung mitgenommen. Die Fischer werden heute Nachmittag zurück sein.

Hier befestige ich die Karte ⟶ Eine Sache weniger, die wir verlieren können. Wir wollen zu Fuß in den Dschungel ~~Rupununi River~~ gehen. Dann paddeln wir flussabwärts. Wir hoffen, dass wir nach einer Woche die Berge erreichen und ein paar Tage später den Nebenfluss oder Gebirgsfluss, wie ich ihn nenne. Mit etwas Glück folgen wir dann dem Wasser stromaufwärts in Richtung des Abschnitts, der oben rechts auf der Karte ausradiert wurde. Uns ist klar, dass wir den Gebirgsfluss eventuell gar nicht mehr überqueren können. Die Karte ist ja schon sehr alt. Doch wir müssen das riskieren.

Offiziell wollen wir so weit wie möglich in unbekanntes Gebiet vordringen und die wilden Tiere dokumentieren, die uns begegnen. Aber wir beide wissen: Der wahre Grund, warum wir hier sind, ist diese mysteriöse blaue Linie auf der Landkarte. Wer hat die Karte gemacht und die Linie gezeichnet? Wenn es Schomburgk war, warum hat er gerade dieses Gebiet ausradiert? Und warum tauchen die Karte und seine Reise in den Regenwald nicht in dem Bericht auf, der bereits veröffentlicht wurde? Ich glaube, dass er etwas entdeckt hat. Etwas, das er geheim halten wollte.

Es gibt eigentlich nur zwei Möglichkeiten. Erstens: Er ist auf die Überreste einer untergegangenen Zivilisation gestoßen. Das klingt weit hergeholt, aber als man im Jahr 1911 Machu Picchu in Peru wiederentdeckte, wollte zunächst niemand den Entdeckern glauben. Wir wissen, dass Schomburgk weiter flussaufwärts auf uralte Steinmarkierungen gestoßen war. Außerdem kamen Entdecker seit Jahrhunderten in diese Region, um die sagenumwobene Stadt aus Gold zu suchen: El Dorado*.

Zweitens: Sein Geheimnis war ein Schatz. Vielleicht fand er Gold oder Diamanten, die in den Bergen vergraben waren. Immerhin ist die Geologie dieser Landschaft für diese wertvollen Mineralien bekannt. Je mehr ich mir die Karte anschaue, desto überzeugter bin ich, dass hier deshalb radiert wurde.

Bibi ist unten am Packen. Ich habe ihr von meinen Ideen nichts erzählt. Sie denkt sowieso, ich bin nur als abenteuerlustiger Künstler hier. Wenn sie wüsste, dass es mir um Gold geht, wäre sie nie mitgekommen. Aber ich brauche sie.

*Man glaubte, die Straßen der verlorenen Stadt El Dorado wären mit Gold gepflastert. Viele Entdecker kamen deshalb in diesen Teil des Amazonas.

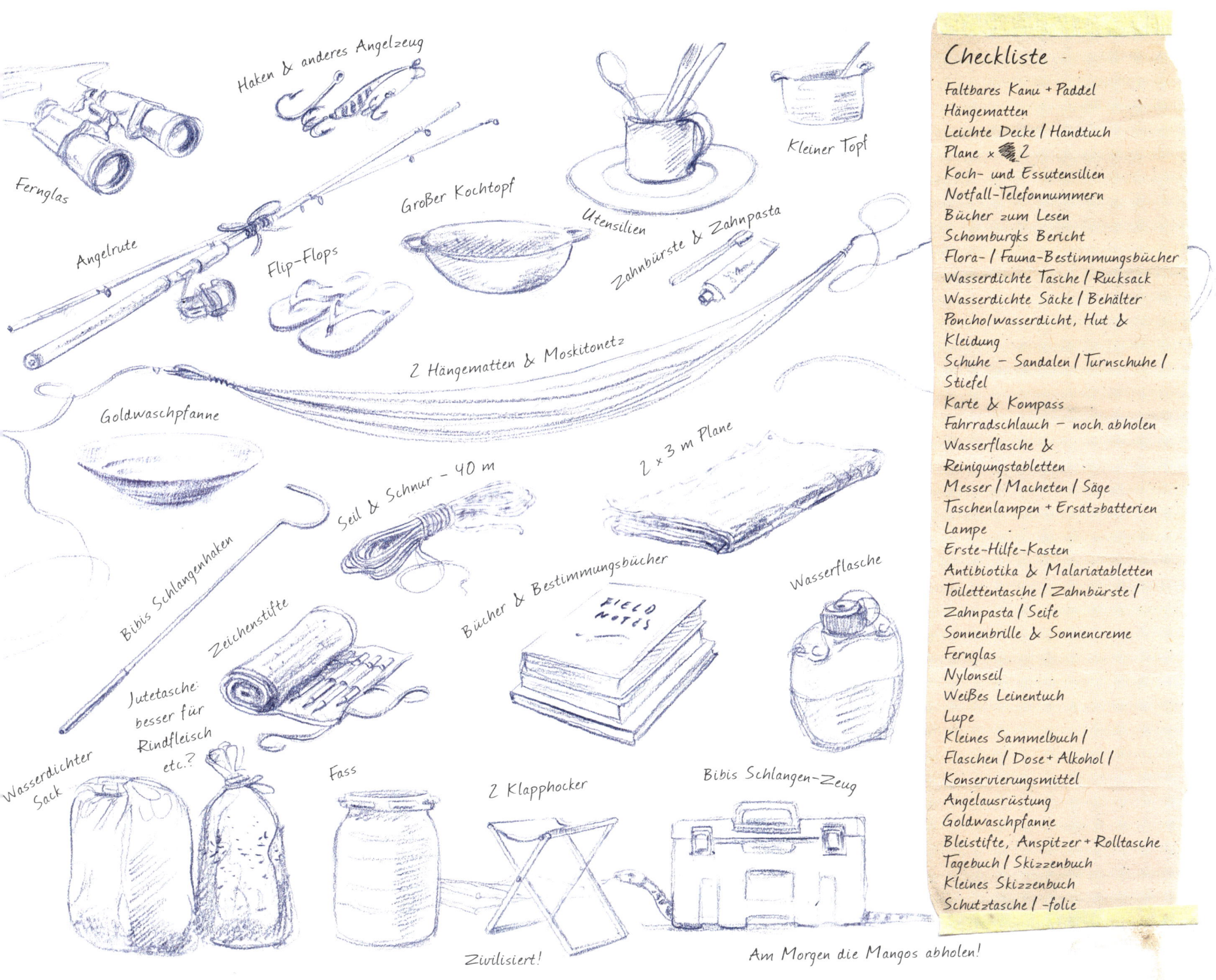

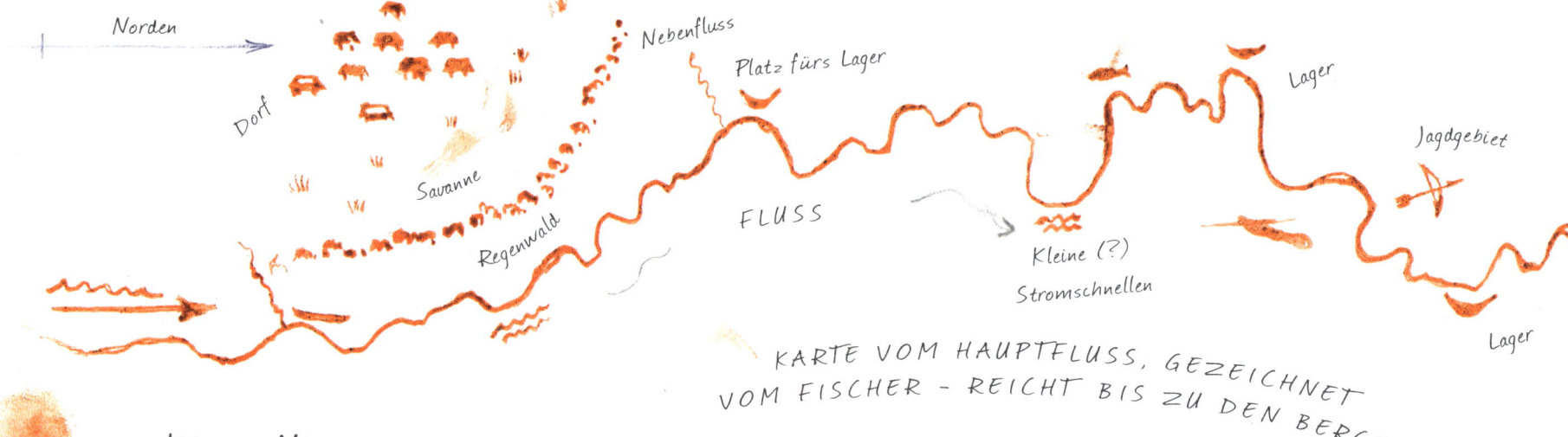

KARTE VOM HAUPTFLUSS, GEZEICHNET VOM FISCHER – REICHT BIS ZU DEN BERGEN

14:00 Uhr

Haben uns gerade mit den einheimischen Fischern getroffen. Schlechte Nachrichten: Sie meinten, sie erkennen das Gebiet auf der Karte wieder. Aber dann zeigte einer der Dorfältesten auf die Stelle, wo der Gebirgsfluss in den Hauptfluss mündet, und schüttelte den Kopf. „Er sagt, da ist kein Fluss", meinte Bibi.

Es war wie ein Schlag in die Magengrube. Sein Gesicht zeigte keinen Zweifel. Bibi spricht eine ähnliche Arawak-Sprache, also war es kein Übersetzungsproblem. Wenn es keine Möglichkeit gibt, in die Berge zu kommen …

Ich darf gar nicht daran denken. Immerhin wussten sie von Schomburgk – offenbar kam er damals auf der Suche nach den Steinmarkierungen auch in dieses Dorf. Und sie scheinen den Verlauf vom Hauptfluss bis in die Berge zu kennen. Seine Skizze mit den markierten Stellen und Stromschnellen könnte uns noch nützlich sein. Sie meinen, wir brauchen acht Tage.

Wir verabschiedeten uns, wie man das hier tut – man berührt einander mit der Faust, dann berührt man sein Herz. Sie warnen uns, dass in der Nacht das Wasser steigt, flussaufwärts hat es viel geregnet. Und vor den Anakonda-Schlangen. Bibi ist begeistert, ich nicht. Mein Vater hat gesagt: „Denk dran, da draußen bist du nur ein kleines Stück Biomasse."

An einer Wand hing dieser Schädel (Spezies unbekannt) – als Warnung vor den Gefahren im Wasser.

Bibi findet, dass jedes Tier ein Wunder der Natur ist. Ich persönlich würde die Schwarzen Kaimane, die länger als unser Kanu sind, und die giftigen Schlangen und Taranteln anders nennen. Außerdem gibt es Bäume, die nachts ohne Vorwarnung umstürzen und alles unter sich zerquetschen, mit Vorliebe Menschenbündel in Hängematten. Ganz zu schweigen vom Fluss – den Stromschnellen, den Strudeln und all dem, was unter der Wasseroberfläche lebt. Nicht zu vergessen die Malaria, das Gelbfieber und die fleischfressenden Krankheiten. Angst habe ich nicht, denn ich habe ja schon mal den Atem eines Kaffernbüffels gerochen. Aber selbstgefällig zu sein, wäre dumm. Der Dschungel kann einen bei lebendigem Leib auffressen.

Jetzt ist Zeit, das Abendessen zu machen. Wir müssen früh los. Ich habe Atorai bestochen, damit er uns hilft, unsere Sachen zum Fluss zu tragen. In ein paar Stunden ist das Warten vorbei. All das Planen und Grübeln hat dann ein Ende. Unser Abenteuer beginnt.

Ich hoffe nur, dass die Fischer falsch liegen.

Ich kann nicht schlafen. In der Ferne, in Richtung der Berge, blitzt es. Die Luft ist heiß und elektrisch aufgeladen.

Ein Ameisenbär und sein Junges
ziehen durch den Schein unserer Taschenlampen.
Mit jedem Schritt durch das lange Gras kommen wir
dem dunklen Rand des Regenwaldes näher. Die Dämmerung naht.

15. März

7:00 Uhr. Der Nebel liegt wie eine Bettdecke auf dem Wasser. Die Spitzen junger Schösslinge ragen aus der Wasseroberfläche. Sie biegen sich im Sog der Strömung. Die Luft riecht erdig. Wir haben es bis an den Fluss geschafft.

Wir sind aufgebrochen, bevor die Sonne aufging. Als wir mit den Taschenlampen die Savanne um uns herum ableuchteten, sahen wir einen Ameisenbär, der sein Junges huckepack trug. Sie verschwanden im langen Gras. In den Wasserlöchern glitzerten die Augen von Fröschen. Keine Anakondas.

Nach über einer Stunde erreichten wir endlich die dunkle Wand aus Bäumen. Wir ruhten unsere schmerzenden Arme aus und atmeten den exotischen Duft des Dschungels ein. Es fühlte sich an, als würde man die erste Seite eines riesigen Buches aufschlagen und die ersten Worte einer Geschichte lesen, die einen packt und nicht mehr loslässt.

Während es langsam heller wurde, führte uns ein Pfad durch das Dickicht und an großen Baumstämmen vorbei. Das Glucksen des Wassers drang an unsere Ohren, bevor wir es sahen. Da war er – der große Fluss ~~Rupununi~~, der sich wie eine riesige Schlange durch die Bäume schlängelt. Endlich.

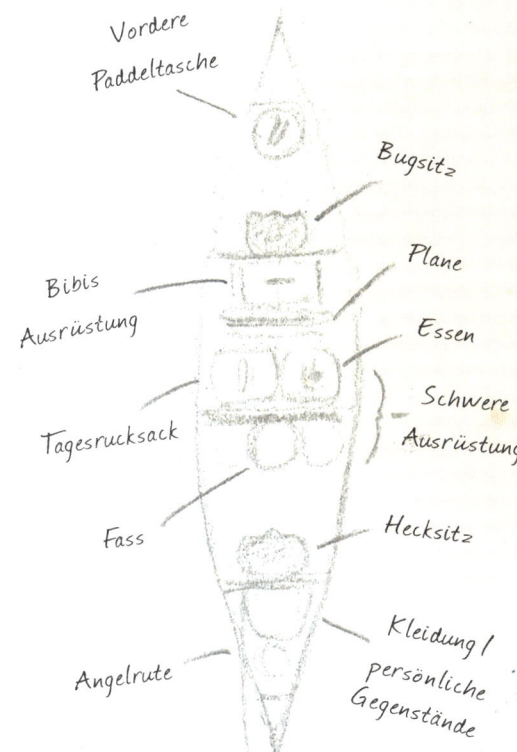

10:00 Uhr

Atorai hat sich nach dem Frühstück auf den Rückweg gemacht und uns einen Angelhaken dagelassen. Er ist so groß wie seine Hand. Nun sind wir auf uns allein gestellt.

Unser Kanu ist zusammengebaut und beladen. Es liegt schwer im seichten Wasser.
Ich hocke auf einem Felsen und zittere. Warmer Schlamm kribbelt zwischen meinen Zehen.
Bleistiftspäne treiben flussabwärts wie kleine Schwäne und verschwinden im Nebel.
Ich versuche, den Gedanken zu verdrängen, dass wir gleich in das Kanu steigen.
Dass wir uns vom Ufer abstoßen werden und von der Strömung mitgerissen werden.
Wer weiß, wohin? Bibi schnaubt ungeduldig. Ich glaube, gleich geht's los.

Wir haben uns vom Fluss treiben lassen.
Auf beiden Seiten ragen die grünen Baumwände
in den Himmel. Dahinter tun sich immer
wieder smaragdgrüne Hallen auf. Endlich hat
der wilde Rausch des Abenteuers begonnen.

Es sind 30 Grad. Mir ist heiß, ich klebe – es ist so schwül, dass man vor Schweiß trieft. Neugierige Eisvögel huschen am Ufer entlang und folgen uns, während wir dahingleiten. Manchmal wagt sich der Dschungel auf den Fluss hinaus, um uns zu begrüßen, und Lianen hängen wie dünne Tentakel von oben auf das Wasser. Ab und zu verrät ein Rascheln in den Baumkronen, dass Affen unterwegs sind – gesehen haben wir noch keine. Mit jeder Minute treiben wir tiefer in eine wilde, unberührte Welt. Das Geräusch unserer Paddel in der Stille gibt uns das Gefühl, die ersten Menschen zu sein, die jemals hier waren. Hoffentlich stimmt das.

14:00 Uhr

Riesige Otter. Wir haben sie gehört, bevor wir sie gesehen haben – ein kurzes, aggressives Schnauben, dann tauchte ein großer, glitzernder Kopf aus dem Wasser auf. Der Otter war fast so groß wie wir. Bald kamen weitere dazu und schnaubten – keine Ahnung, ob zur Begrüßung oder als Warnung. Dann waren sie plötzlich wieder weg. Irgendetwas hatte sie erschreckt. Unter dem Kanu bewegte sich etwas. Die Dorfbewohner meinten, in dieser Gegend gäbe es wahrscheinlich keine großen Kaimane. Trotzdem paddelten wir schnell weiter.

Moskito – sein Bauch, voll mit meinem Blut. Wie ich Insekten hasse!

Am Abend

Wir hatten gerade unsere erste gefährliche Begegnung. Gegen 16:00 Uhr kamen wir an einen großen Sandstrand. Ich ging baden, und als ich zurückwatete, streifte etwas mein Bein. „Ein Stachelrochen, nicht bewegen!", sagte Bibi. Offenbar tut es so weh, wenn man drauftritt, dass man sich eine Amputationssäge wünscht. Bibi erzählte mir noch von einem anderen Fisch, der einem beim Pinkeln in die ganz privaten Öffnungen hineinschwimmt.* Na toll.

18:00 Uhr

Ich liege in der sicheren Hängematte. Hinter dem Moskitonetz haben mich ganze Schwärme der Biester als Festmahl ausgewählt und alle ihre Freunde mitgebracht. Heute Nacht spannen wir keine Plane auf, das abendliche Froschkonzert hat Bibi verraten, dass es nicht regnen wird. Hier, zwischen den Bäumen mit den vielen Lebewesen – auch den unangenehmen –, erinnert mich alles an die Geschichten über Expeditionen, mit denen ich aufgewachsen bin. Jetzt bin ich an der Reihe, mir den Weg ins Unbekannte zu bahnen. Nur ein paar Meter weiter stapfen wahrscheinlich genau jetzt irgendwelche Pfoten zum Wasser hinunter, um zu trinken.

Frische Tierspuren laufen kreuz und quer durch den Sand – hauptsächlich Tapire und kleine Kaimane

*Süßwasser-Stechrochen** Stachel mit Giftdrüse am Schwanz*

*Der parasitische Harnröhrenwels (Vandellia cirrhosa)
**Pfauenaugen-Stechrochen (Potamotrygon motoro) sind im Amazonas gefürchteter als die Piranhas.

Der Himmel färbt sich bunt, bevor die Dunkelheit
die Farben nach Westen vertreibt.
Manchmal weiß man sofort,
welche Bilder man nie vergessen wird.

Brennhaare unter der Lupe – winzige Widerhaken

tatsächliche Größe

Einige der Tarantel-Haare von meinem Hintern

Brennhaare

Rückenpanzer

Beine (nicht zu Ende gemalt)

8 Augen

Tarsalkrallen zum Klettern

Beißklauen

Taster

Haare, mit denen sie die Vibrationen von Beutetieren spürt

Die Reibung der Vorderbeine erzeugt ein zischendes Geräusch (als Warnung).

16. März

Es ist noch etwas passiert, das ich nie vergessen werde. Vor 20 Minuten ging ich mein großes Geschäft verrichten. Als ich da so hockte, spürte ich plötzlich einen stechenden Schmerz am Hintern. Ich schaute zwischen meine Beine und sah eine riesige Spinne, die aus ihrem Hinterleib Haare auf mich abfeuerte. Ich bin noch nie so schnell aufgesprungen.

Bibi entfernt mir die Härchen mit Klebeband. Sie findet es witzig. Ich nicht.

Höhle

Die Riesenvogelspinne* (tatsächliche Größe).
Diese Vogelspinnen bauen Höhlen im Laub und werden bis zu 30 cm groß.
So riesig war die hier nicht, aber immer noch groß genug.
Bibi hat mir begeistert alles über sie erzählt.

*Die Riesenvogelspinne ist die größte Spinne der Welt.
Zu ihrer Verteidigung schleudern Vogelspinnen oft sogenannte Brennhaare auf ihre möglichen Angreifer.

Guavenblatt*: Bibi sagt, es hilft gegen den Durchfall. Ich klebe es mal hier ein.

Noch mehr Termitennester, diesmal 20 m hoch im Baum. Um nicht überflutet zu werden?

Seitdem ist der Vormittag ziemlich ungemütlich. Wenn ich mich am Hintern kratze, schaukelt das Kanu. Bibi ist genervt, aber nach meiner Demütigung heute Morgen ist mir das egal. Außerdem ist es brütend heiß – ca. 31 Grad. Meine Arme und mein Nacken brennen genauso wie mein Hintern. Und jetzt kommen auch noch Durchfallkrämpfe. Na toll.

Wir sind gerade durch ein paar kleine Stromschnellen gefahren. Mit unserem überladenen Kanu war das nicht sonderlich elegant, aber eine gute Übung für die größeren. Laut Karte liegen sie zwischen hier und den Bergen. Obwohl wir beinahe eine der Taschen mit Vorräten verloren hätten, haben wir uns gut geschlagen. Wir wissen, dass wir auf keinen Fall kentern dürfen. Wenn wir unsere Ausrüstung oder das Kanu verlieren, sitzen wir fest. Und ohne Vorräte können wir kaum überleben. Ganz zu schweigen von dem, was im Wasser auf uns lauert.

Am Abend

Haben unser Lager aufgeschlagen. Müde. Es juckt. Sonnenbrand. Durchfall. Ab ~~ins Bett~~ in die Hängematte.

*Psidium guajava: die Blätter der Echten Guave werden wegen ihrer heilenden Eigenschaften verwendet.

Unser Tagesablauf

Am Morgen ging es mir schon besser, und es juckt nicht mehr so. Wir sind jetzt ein paar Tage auf dem Fluss, wir bekommen Routine.

Gegen 7:00 Uhr: Raus aus der Hängematte. Zähne putzen. Malariatabletten nehmen. Wasser abkochen. Kaffee kochen. Frühstücken. Geschirr im Fluss spülen. Zusammenpacken. Aufs Klo. Kanu packen. Kanu noch mal packen. Karte anschauen. Letzte Kontrolle, damit wir nichts vergessen.

Gegen 9:00 Uhr: Aufs Wasser.

Das Lager aufzuschlagen klappt auch immer schneller. Brauchen jetzt 1,5 Stunden.

18:00 Uhr: Es wird dunkel.

Baumstämme im richtigen Abstand, um Hängematten aufzuhängen

Stiefel und Schuhe umgedreht auf Stöcke stecken, damit sich keine Spinnen, Skorpione oder andere Krabbeltiere darin verstecken.

Mit Macheten freigeräumter Lagerplatz. Abgesucht nach Schlangen, Tarantel- & Wespennestern etc.

Meine brasilianische Machete: Ohne sie könnte man hier nicht überleben.

Diese Lonomia-Raupe ist über meine Tasche gekrochen. Hochgiftig, versteckt sich gerne in Stiefeln.

Ein von Ameisen zerschnittenes Blatt

Man schläft diagonal.

Bibis brasilianische Hängematte

Regenschutz

Moskitonetz zum Hineinsteigen

Hängema... Darin ist man komplett geschützt

ÜBERSTÄNDER · KRONENDACH

18. März

Das Paddeln läuft bisher ohne Probleme. Einer von uns sitzt vormittags oder nachmittags am Heck des Kanus und steuert, der andere sitzt im Bug und paddelt mit gleichmäßigem Schlag (oder faulenzt und zeichnet) und achtet dabei auf Hindernisse.

Der Fluss verändert sich. In den Innenkurven haben sich Strände gebildet, auf denen sich Schildkröten sonnen. An den Außenkurven erhebt sich das Ufer, vom Fluss ausgehöhlt, hoch über uns, und Wurzeln wachsen aus dem lehmigen Boden heraus. Ab und zu begegnen wir umgestürzten Baumriesen, die quer über dem Fluss liegen.

Vom Kanu aus sehen wir einen Querschnitt des Dschungels und seiner verschiedenen Schichten. Jede davon ist ein Lebensraum für sich. Die auffälligsten Tiere sind leicht zu entdecken, aber auf jeden bunten Eisvogel kommen tausend stille Zeugen, die uns beobachten.

Grünflügelara

Brüllaffe

Ein riesiger Kapokbaum!

UNTERE BAUMSCHICHT   STRAUCHSCHICHT

FLUSS-
UFER

Webervogel* an seinem geflochtenen Nest

Leguan beim Sonnenbad auf einem Ast

Haben wieder an einem Strand festgemacht. Sieht so aus, als würde die Nacht trocken bleiben. Ich zeichne einige der Tiere, die wir heute gesehen haben – u. a. diesen Leguan. Als wir uns näherten, sprang er von seinem hohen Ast und fiel über 15 Meter tief in den Fluss. Bibi sagt, die haben ein drittes Auge auf der Stirn. Sicherlich Unsinn.**

Riesenotter

Otterloch

Reihe Silbergabelbart
Gelbbürzelschuppe von einem

*Gelbbürzelkassike **Die meisten Echsen haben ein kleines Scheitelauge, von dem Wissenschaftler annehmen, dass sie damit nach der Sonne navigieren.

19. März

Mal unterhalten wir uns im Kanu, mal schweigen wir eine Stunde lang, dann hört man nur unsere Paddel eintauchen. Während ich mich langsam an diese neue Welt gewöhne, nehme ich kaum noch unsere Umgebung wahr. Meine Gedanken sind auf die Karte gerichtet und auf das, was vor uns liegt.

Ich denke daran, was der Dorfälteste gesagt hat: „Da ist kein Fluss." Vielleicht haben sich die Fischer geirrt. Aber sie schienen sich so sicher zu sein, und ihre Skizze vom Fluss scheint zu stimmen. Und warum hätten sie lügen sollen? Es sei denn, sie wissen auch von einem Schatz in den Bergen.

Als Machu Picchu „wiederentdeckt" wurde, hatten die Einheimischen – die Quechua – schon immer von den heiligen Ruinen auf dem Berggipfel gewusst, es aber keinem erzählt. Vielleicht hüten die Dorfbewohner ein ähnliches Geheimnis. Vielleicht haben sie sogar Schomburgk an diesen heiligen Ort geführt. Ich kann gut verstehen, wenn sie uns nicht trauen, nach allem, was ihnen in den letzten Jahrhunderten passiert ist.* Aber Schomburgk hätte der Welt bestimmt von einer solchen Entdeckung berichtet.

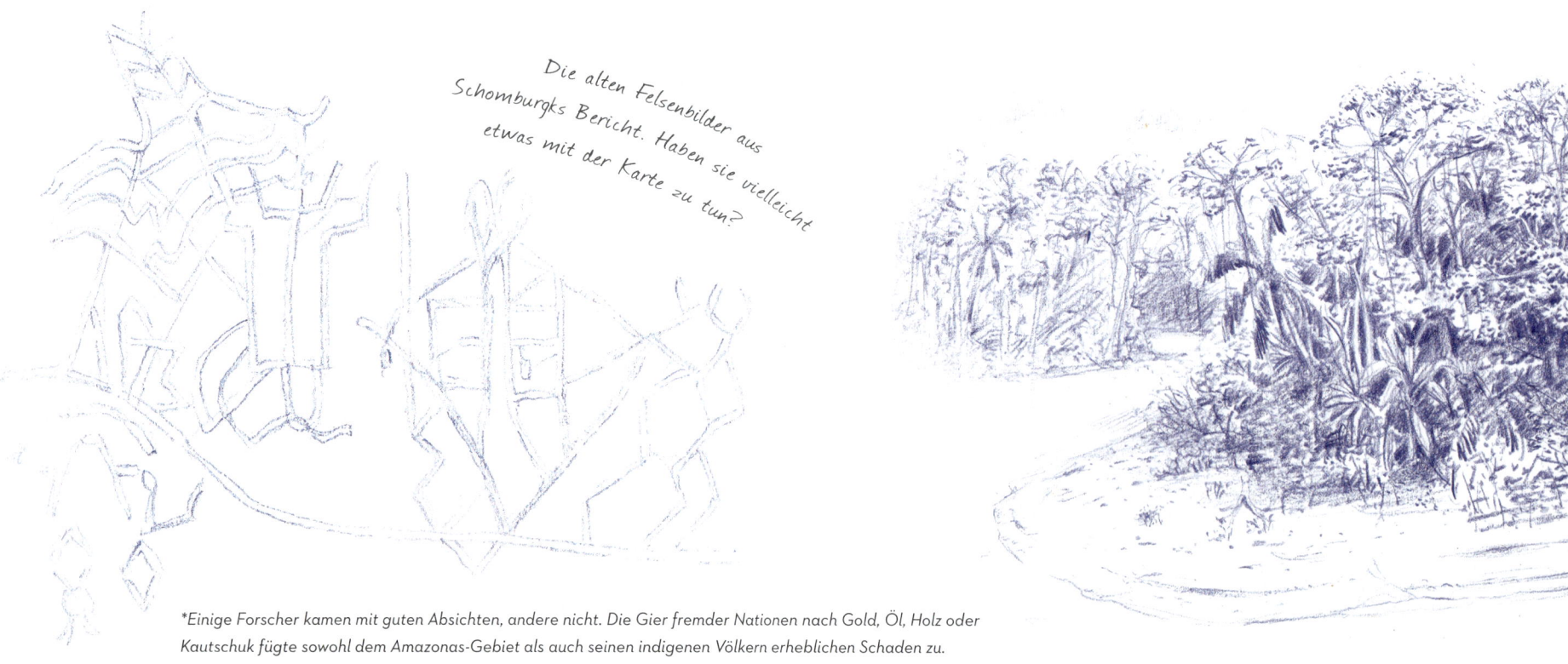

Die alten Felsenbilder aus Schomburgks Bericht. Haben sie vielleicht etwas mit der Karte zu tun?

*Einige Forscher kamen mit guten Absichten, andere nicht. Die Gier fremder Nationen nach Gold, Öl, Holz oder Kautschuk fügte sowohl dem Amazonas-Gebiet als auch seinen indigenen Völkern erheblichen Schaden zu.

Es gibt aber noch eine Möglichkeit, an die ich gar nicht zu denken wage: Die Karte könnte aus einer anderen Gebirgsregion stammen. Ich war mir so sicher, dass die Karte von hier stammt, und Bibi ebenfalls, dass ich es nicht weiter hinterfragt habe. Sind wir auf dem falschen Fluss unterwegs? All unsere Nachforschungen haben eindeutig ergeben, dass dies die Gegend ist. Vielleicht lagen wir trotzdem die ganze Zeit falsch. Der Gedanke ist kaum zu ertragen.

Gestern Abend meinte Bibi, sollte es den Gebirgsfluss nicht geben, würde sie die Berge eben zu Fuß erkunden. Sie hat natürlich recht – die Chancen, hier am großen Fluss neue Tierarten zu entdecken, sind gering. Ich verstehe ihre Enttäuschung – sie ist nur deswegen mitgekommen. Aber wir wissen beide, dass wir für einen Fußmarsch durch den tiefen Dschungel weder die richtige Ausrüstung noch genug Proviant haben. Ich vertraue zwar auf ihre Fähigkeiten, aber die Risiken sind zu groß – und die Rucksäcke zu schwer. Das Gute am Boot ist ja, dass man sein Zeug nicht tragen muss. Der Gebirgsfluss ist der einzige Weg an unser Ziel. Ohne den Fluss kommen wir niemals dorthin.

20. März

Wir hörten das Brummen des Motors zehn Minuten, bevor wir das Boot sahen. Ein sieben Meter langer Kahn mit einem Metallrumpf kam stromaufwärts auf uns zu. Drei Männer waren an Bord: Goldsucher, sogenannte Garimpeiros. Sie hielten an und stellten den lauten Zweitaktermotor ab. Der Geruch von verbranntem Öl und Schweiß wehte uns entgegen. Verschiedene Taschen und Gegenstände waren unter einer Plane versteckt. Zwei tote Nagetiere – Agutis, glaube ich – lagen im Rumpf des Bootes, die Männer standen mit nackten Füßen in deren Blut. Eine lebende Schildkröte lag auf dem Rücken, verschnürt wie eine Tragetasche.

Der Mann am Motor fragte, wohin wir wollten. Nach ihrem Akzent zu urteilen kamen sie aus der Region südlich der Grenze. Bibi erklärte auf Portugiesisch, dass wir Wissenschaftler sind, die nach neuen Spezies suchen. Ich sah, wie angespannt sie war. Der Mann beäugte misstrauisch unsere Ausrüstung. Ich öffnete Bibis Forscherkiste. Der Anblick der langweiligen Röhrchen, Tütchen und Bestimmungsbücher überzeugte ihn.

Sie sagten, sie seien auf dem Weg ins Dorf, um neue Vorräte zu besorgen. Sie waren vor einem Monat den Fluss hochgefahren – ihr Lager musste also irgendwo flussabwärts sein. Ich fragte sie, ob sie in den Bergen gewesen seien. Sie meinten, da gebe es ein paar kleine Bäche, aber mit dem Boot käme man da nicht hinein. Bevor ich weiter nachhaken konnte, fragte Bibi, ob sie die Schildkröte kaufen könne. Ich staunte – ich weiß, die Tiere gelten als Delikatesse, aber trotzdem. Sie zahlte zwei Dollar. Wo um alles in der Welt kam das Geld her?

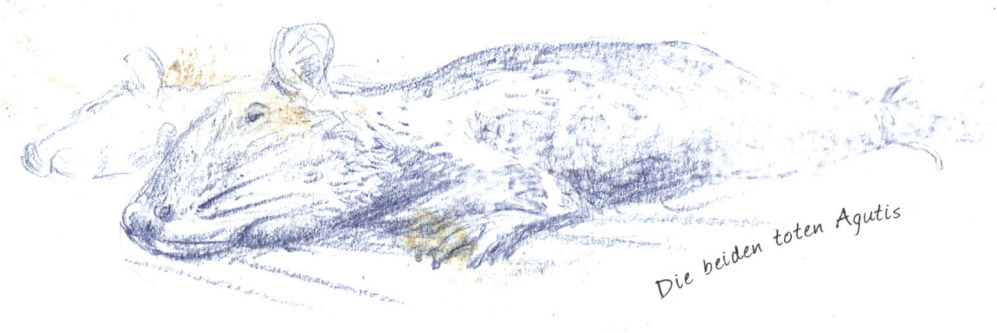

Die beiden toten Agutis

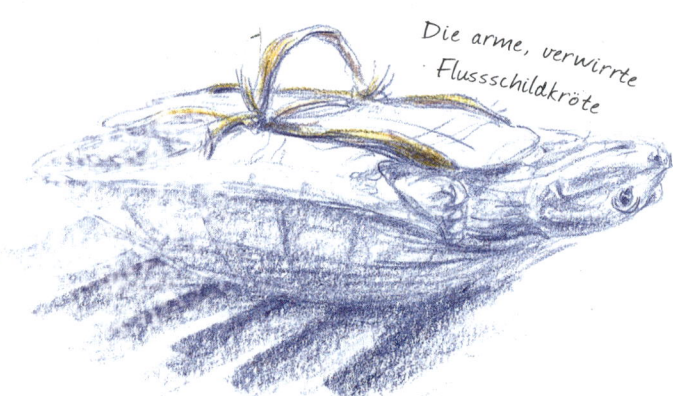

Die arme, verwirrte Flussschildkröte

Nachdem die Männer außer Sicht waren, schnitt Bibi das Seil durch und warf die Schildkröte über Bord. Als ich protestierte, weil da unser Abendessen wegschwamm, rief sie: „Die sind vom Aussterben bedroht, du Idiot!"

Nachmittags kamen wir am Lager der Goldsucher vorbei. Haufen von Lehm lagen neben einem Bach, dessen Ufer von Motorpumpen und Schläuchen weggefressen war. Bibi war wütend. Ich sagte ihr, das seien ganz normale Leute, die so halt ihren Lebensunterhalt verdienen. Ich wollte witzig sein und meinte, vielleicht hätten die ja noch mehr Schildkröten, die sie retten könnte. Sie fand das gar nicht lustig. „Man kann seinen Lebensunterhalt verdienen, ohne ganze Ökosysteme zu zerstören. Denn das Quecksilber, mit dem sie das Gold von den anderen Mineralien trennen, gelangt in die Nahrungskette und vergiftet alles, von den Fischen über die Vögel bis hin zu den Menschen. Es ist wie eine unsichtbare Zeitbombe." Ich weiß nicht – der einzige Schaden, den ich sehe, sind ein paar gefällte Bäume.

Am Abend

Wir haben etwa neun Kilometer weiter flussabwärts festgemacht. Nach dem Essen erkundeten wir die Umgebung – angeblich kann man kurz nach Einbruch der Dunkelheit die meisten Tiere sehen. Es gab wenig Interessantes. Bibi meint, beides hängt zusammen: die Goldsucher und das Fehlen der Tiere. Für unseren Gebirgsfluss sieht es auch nicht gut aus. Schon zum zweiten Mal hat man uns gesagt, dass es ihn nicht gibt. Aber das Lager von vorhin macht mir Hoffnung. Wo Goldsucher sind, ist auch Gold.

Irgendeine große Kröte.* Nichts Besonderes – ich hätte im Lager bleiben sollen.

*Aga-Kröte (Rhinella marina)

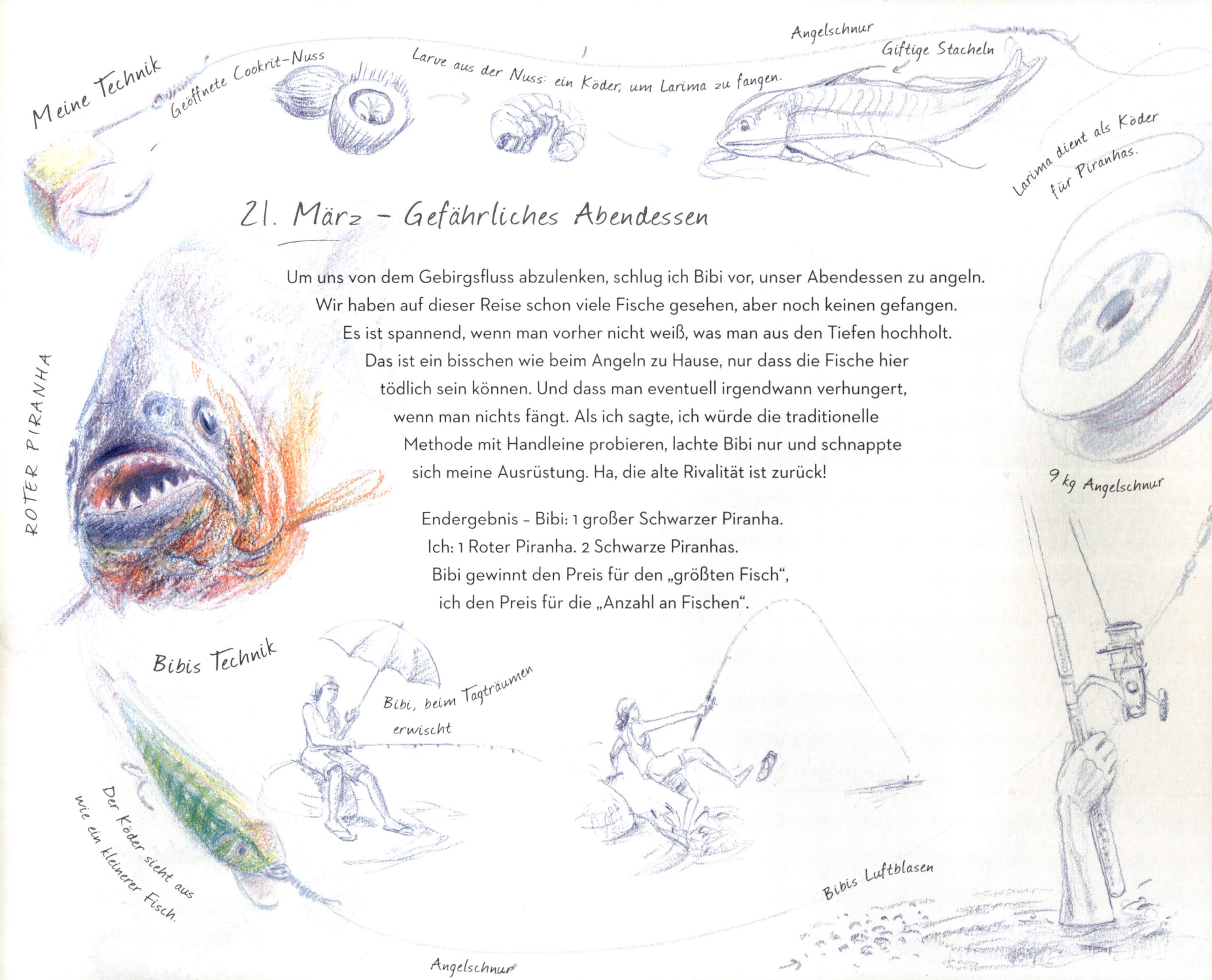

21. März – Gefährliches Abendessen

Um uns von dem Gebirgsfluss abzulenken, schlug ich Bibi vor, unser Abendessen zu angeln. Wir haben auf dieser Reise schon viele Fische gesehen, aber noch keinen gefangen. Es ist spannend, wenn man vorher nicht weiß, was man aus den Tiefen hochholt. Das ist ein bisschen wie beim Angeln zu Hause, nur dass die Fische hier tödlich sein können. Und dass man eventuell irgendwann verhungert, wenn man nichts fängt. Als ich sagte, ich würde die traditionelle Methode mit Handleine probieren, lachte Bibi nur und schnappte sich meine Ausrüstung. Ha, die alte Rivalität ist zurück!

Endergebnis – Bibi: 1 großer Schwarzer Piranha.
Ich: 1 Roter Piranha. 2 Schwarze Piranhas.
Bibi gewinnt den Preis für den „größten Fisch",
ich den Preis für die „Anzahl an Fischen".

22. März – 20:00 Uhr

Gestern haben wir dem Fluss etwas genommen. Heute war der Fluss an der Reihe.

Am späten Nachmittag kamen wir an eine Lagune. Bibi wollte ein paar Daten über die lokale Kaiman-Population sammeln, also fuhren wir nach Einbruch der Dunkelheit hinaus. Sie hatte an einem Ast ein Seil mit einer Schlinge befestigt und wollte damit ein paar kleine Kaimane fangen: um sie zu messen, sich Notizen zu machen und sie dann wieder freizulassen. War ja klar, dass das schiefgeht.

Augenpaare auf dem Wasser reflektierten die Strahlen der Taschenlampe. Ein kleiner Kaiman – Augenabstand sieben Zentimeter – ließ sich beim zweiten Versuch mit dem Seil einfangen. Bibi hievte ihn an Bord.

Das Ast-Lasso

Mit seinen rasiermesserscharfen Zähnen biss er mir in die Hand. Er war 70 Zentimeter lang und ganz schön stark. Unter seinen harten Schuppen fühlte ich seinen Körper zucken. Bibi machte Fotos und Notizen und maß ihn. Die ganze Zeit über grunzte er. In diesem Moment sah ich, dass sich ein weiteres Paar Augen – Augenabstand mindestens 30 Zentimeter – auf uns zubewegte. Die Augen tauchten unter. Ich wollte Bibi gerade darauf hinweisen, als das Kanu plötzlich kippte und ein riesiger Kopf aus dem Wasser schoss. Bibi fiel hintenüber, und ich ließ den kleinen Kaiman los. Wasser schwappte ins Kanu. Wir versuchten alles, um es vor dem Kentern zu bewahren. Der kleine Kaiman krabbelte um uns herum, während der große (seine Mutter?) zurückkam, um es noch einmal zu versuchen. Ich wehrte ihn verzweifelt mit dem Paddel ab, während Bibi ihn – oder mich – mit einer unverständlichen Mischung aus Amerindianisch, Englisch und Portugiesisch beschimpfte. Es gelang ihr, den jungen Kaiman über Bord zu werfen, und die Lage beruhigte sich.

Die Mutter hatte ihr Junges wieder. Aber wir waren immer noch ein ganzes Stück vom Ufer entfernt, und durch mehrere Löcher strömte Wasser ins Kanu. Verzweifelt schöpften wir es mit unseren Paddeln. Während wir uns langsam dem Ufer näherten, zappelten auf einmal Fische um uns herum. Das Blut von meiner Hand lief über das Paddel ins Wasser und lockte Rote Piranhas an. Wir paddelten wie verrückt – und ich fragte mich, ob nicht wir selbst heute das Abendessen wären.

Schließlich erreichten wir das Ufer. Das war ganz schön knapp.

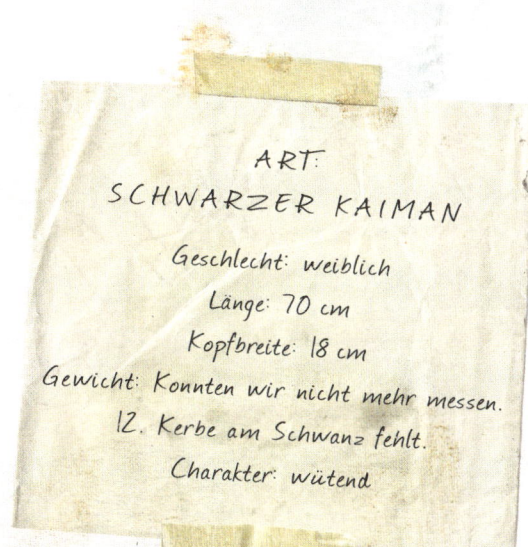

ART:
SCHWARZER KAIMAN
Geschlecht: weiblich
Länge: 70 cm
Kopfbreite: 18 cm
Gewicht: Konnten wir nicht mehr messen.
12. Kerbe am Schwanz fehlt.
Charakter: wütend

Das fertige Paddel

Das Stück Holz, aus dem Bibi das Paddel geschnitzt hat

Von hinten sieht sie aus, als ob sie Cello spielt.

23. März

Bibi ist früh aufgewacht. Ich fand sie unten am Wasser sitzen, Holzspäne um sie herum verteilt.

Ich sitze mit meinem Kaffee in der Hand und schaue zu, wie sie mit der Machete aus einem Stück Hartholz ein neues Paddel schnitzt. Mein Paddel ist gestern Abend kaputtgegangen. Wir versuchen, guter Stimmung zu sein, sind aber beide noch ein bisschen aufgewühlt.

Bibi mag meine Zeichnung. Sie meint, sie würde mich auch gerne zeichnen, damit ich meinen Gesichtsausdruck sehen kann, als sich das Maul des Kaimans öffnete. Es tut gut zu lachen.

Das Kanu hat auf einer Seite mehrere Bisslöcher. Ich werde sie mit Panzerband zukleben.

Sie hinterlässt Holzspäne wie ich beim Bleistiftanspitzen. Aber sie meint, ihre Späne wären „tatsächlich zu etwas nütze".

Unsere Route durch die Stromschnellen

Berge!

Am Nachmittag tauchten die auf der Karte des Fischers markierten Gebirgsausläufer auf. Zwei riesige Gipfel ragen über dem Urwald auf wie uralte Riesen, die ihr Reich bewachen. Wir fuhren in demütiger Stille in ihrem Schatten vorbei. Bald hörten wir das Geräusch der Stromschnellen. Wir zurrten unsere Ausrüstung fest und hielten uns ganz rechts, dann ging es mitten hinein. Wir wurden in den Sog der Wellen gerissen und steuerten um die Felsen herum.

Hier haben wir festgemacht.

Zu Fuß erkundet

Wir schafften es heil hindurch und suchten uns ein ruhiges Plätzchen für eine Pause. Über uns ragten die Berge auf wie in die Nacht gezeichnete Schatten.

24. März – eine zufällige Begegnung

Wir haben heute einen Mann getroffen, der von einem Felsen aus angelte. Als wir uns näherten, stand er auf und forderte uns auf mitzukommen. Wir folgten ihm auf einem schmalen Pfad zwischen den Bäumen hindurch, bis wir einen überdachten Unterstand auf einer Lichtung erreichten. Wir saßen eine Weile schweigend am Feuer. Bibi sagte ein paar Worte, aber er nickte nur und bot uns etwas von seinem gedünsteten Fisch an.

An der Hüfte trug der Mann ein Messer in einer Scheide. Er zog es heraus und reichte es uns. Es sah ungewöhnlich aus: Der Griff war aus Hirschgeweih, die Klinge aus altem Stahl – ein westliches Design. In den hölzernen Griff waren verblasste Initialen eingraviert: E.G. oder F.G. Ich gab es ihm zurück. Ob es irgendetwas mit Schomburgk zu tun hatte?

Ich zeigte ihm die Karte, aber er lächelte nur still. Er schenkte uns grüne Bananen und Zuckerrohr und geleitete uns zurück zum Fluss. Dort nahm er einen Stock und kritzelte etwas in den Sand. Es dauerte einen Moment, bis wir begriffen, was es war: eine Karte. Da war der Hauptfluss, da die beiden Berge von gestern. Dann zeichnete er vom Gebirge aus noch eine Linie in den Sand. Das war der Gebirgsfluss, von dem die Fischer behauptet hatten, es gäbe ihn nicht! Mein Herz klopfte schneller. Dann steckte er seinen Stock in den Boden, an einem bestimmten Punkt auf der oberen Fluss-Linie.

Er sah uns an und sagte etwas, das ich nicht verstand.

Der Mann erlaubte mir, ihn zu zeichnen. Er kicherte, als er das Bild sah.

Der Schädel eines riesigen Kaimans im Haus des Mannes

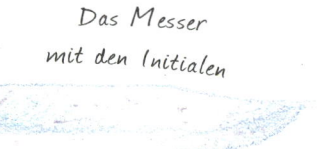

Das Messer mit den Initialen

Sein Haus war umgeben von Bäumen, Blumen und Maniokpflanzen.

SKIZZE DER KARTE IM SAND

Die Stelle, an der er den Stock in den Boden steckte

Gebirgsfluss

Hauptfluss

Bibi und ich sahen uns an. Ich fragte, ob sie ihn verstanden habe. Sie hatte „Regen", „führen" und dann das Wort „warten" verstanden. Den Rest leider nicht. Bevor wir etwas sagen konnten, hatte er sich schon umgedreht und war wieder auf dem Pfad verschwunden.

Wir führten an Ort und Stelle ein Freudentänzchen auf. Jeder, der vorbeigekommen wäre, hätte uns für verrückt gehalten. Egal, die Karte war echt! Keine Ahnung, woher der alte Mann von den Bergen im Landesinneren wusste. Vielleicht wurde dieses Wissen irgendwie weitergegeben. Durch Schomburgk? Und das Messer? Hängt das alles zusammen?

Von meiner Hängematte aus kann ich das Geschrei der Brüllaffen in den Bergen hören. Es ist ein grauenvolles, unheimliches Geräusch, trotzdem weckt es in mir Vorfreude. Unsere heutige Begegnung war ganz sicher ein gutes Zeichen.

Bibi im Schein des Lagerfeuers ... Endlich haben wir wieder Grund zu lächeln.

Leckeres Zuckerrohr: Der süße Kern wird herausgeschnitten und gekaut.

Die gestrige Begegnung hat unsere Stimmung enorm gehoben. Die Enttäuschung, die uns die Woche über beschlichen hat, ist jetzt von Hoffnung und gespannter Erwartung abgelöst worden. Der Gebirgsfluss – das einzige Tor zu den Bergen – liegt vor uns. Irgendwo.

Gestern Abend am Feuer strahlte Bibi, als sie die kilometerlangen wilden Bergkämme beschrieb und die zahllosen tiefen, verborgenen Täler, in denen vielleicht noch nie eine menschliche Stimme erklungen war. Dort ist die Aussicht darauf, neue Tierarten zu entdecken, viel besser als hier.

Örtliche Legenden berichten von riesigen Jaguaren, die die Berghänge durchstreifen, und von fast unsichtbaren Geisterfröschen. Ich finde, das klingt wie ein Scherz, aber Bibi ist anderer Meinung. Sie erzählte, dass sie Bilder von Fröschen an der Wand in ihrem Zimmer hatte, als sie 16 war. Ihre Begeisterung ist ansteckend. Aber ich bin nicht wegen der Tiere hier.

Meine Goldwaschpfanne ist noch ganz unten in meiner Tasche versteckt. Bisher hat die Geologie nicht gepasst, aber hier in den Bergen sehe ich im flachen Wasser immer wieder Mineralien funkeln.

In Schomburgks Bericht ist die Rede davon, dass die Landschaft reich an Mineralien ist, besonders die bergigeren Regionen, in die wir gerade unterwegs sind.

Ich habe Bibi immer noch nichts von meiner Theorie mit dem Gold erzählt. Sie würde das nicht gut finden. Für sie sind Goldsucher eine Gefahr für die Umwelt. Sie hat nicht die gleiche Leidenschaft wie ich. Sie ist als Kind durch Tümpel gewatet und hat Frösche gejagt. Ich habe nach Steinen, Kristallen und Fossilien gesucht. Ich finde, das ist im Prinzip dasselbe – beides ist wertvoll. Aber ich spreche nicht darüber, sie würde mir nicht zuhören.

Ich glaube, sie versteht die wirkliche Welt nicht ganz. Für sie passt alles zusammen mit ihrer wissenschaftlichen Karriere. Aber was ist mit mir? Als Künstler schlage ich mich gerade so durch. Das Geld für diese Reise zusammenzukratzen, war schwierig genug.

Diese Karte – diese verrückte Idee – das ist alles, was ich habe. Aber wenn meine Theorie stimmt, könnte sie alles verändern. Mit dem Geld könnte ich malen und reisen, ohne mir Gedanken machen zu müssen, wie ich die Miete zahle. Ich will mich nicht schuldig fühlen, weil ich das will. Jetzt sollten wir aber aufbrechen. Wir müssen einen Fluss finden.

Bibis geliebte Minolta SR-T 101 und ein seltsamer Besucher

Gesalzene Dschungelchips aus Kochbananen, in Scheiben geschnitten und in Öl frittiert

26. März

„Wir erreichten nun die Bergregion. Die Berge näherten sich dem Fluss von links und rechts, einige von ihnen waren knapp 915 Meter hoch, dicht bewaldet und mit reicher Flora und Fauna."

Aus Schomburgks Tagebuch

(10. April)

Hinein in die Berge. Eine Schar Wasserschweine voraus.

Blick von der Hängematte aus auf die Farben des Morgenhimmels, bevor bald alles wieder grün ist.
Ich muss an etwas denken, das Bibi gestern sagte. Ich zeigte ihr ganz stolz meine fünf verschieden grünen Buntstifte.
Und sie sagte, in den Sprachen der indigenen Völker gäbe es viel mehr Wörter für Grün.
Ich wies auf ein paar Blätter, und sie meinte: „Apaniradihadi – ein regennasses Blatt, das im Sonnenlicht glänzt."
Es kann sein, dass sie recht hat.

27. März

Wir hätten ihn beinahe verpasst. Wir sahen bloß einen umgestürzten Baum am rechten Ufer. Doch dann bemerkten wir, wie sich plötzlich dunkles, glasklares Wasser in das schlammige Ocker des Hauptflusses schob. Da war sie, die Mündung des Gebirgsflusses!

Zufrieden und still saßen wir am linken Ufer. Durch das Astgewirr gegenüber sahen wir, dass der Gebirgsfluss deutlich schmaler ist – etwa zehn Meter breit – und schneller fließt als der Hauptfluss, der wie ein schwerfälliger Riese wirkt. Eine sanfte Brise weht den Duft der Berge zu uns. Ich kann es kaum glauben. Der Gebirgsfluss ist echt, und wir haben den Zugang entdeckt. Die Fischer haben sich entweder geirrt – oder sie wollten nicht, dass wir herausfinden, wo er ist. Bei dem Gedanken an das, was nun vor uns liegt, schlägt mein Herz schneller.

Wir sind beide aufgeregt und nervös. Was auch immer von nun an geschieht: Wir sind auf uns allein gestellt. Keine Strömung hilft uns mehr. Aus ist es mit den Tagträumen und dem Sich-treiben-Lassen. Wir müssen von nun an gegen die Kraft des Flusses anpaddeln. Mein Körper ist angespannt, als ob er sich schon auf diese Aufgabe vorbereitet.

Bibi taucht unter. Genau dort, wo das dunkle, klare Wasser des Gebirgsflusses auf das warme, trübe Wasser des Hauptflusses trifft. Kleine Fische knabberten uns an.

Der Gebirgsfluss – wie schwarzer Kaffee

Der Hauptfluss – wie Milchkaffee

Die unterschiedlichen Farben zeigen, wo beide Flüsse entlanggeflossen sind. Das Wasser des Gebirgsflusses ist kalt, klar und dunkel, er hat die Farbe verrottender Blätter. Der Hauptfluss mit seinem hellen Braun verrät, dass er durch den Regenwald im Tiefland geflossen ist.

Es dauert eine Weile, bis das Wasser sich vermischt. Bis dahin fließen sie ein Fluss über dem anderen, weil ihr Wasser eine unterschiedliche Temperatur hat. Endlich weiß ich einmal mehr als Bibi.

Mehrere Stämme von umgestürzten Bäumen versperren die verborgene Flussmündung. Dahinter ist es dunkel. Der Fluss scheint zu flüstern: „Kommt doch, wenn ihr euch traut." Ich stelle mir vor, wie wir mit unserem Kanu in ein paar Wochen zurückkehren, beladen mit größerem Wissen oder wertvoller Fracht. Höchste Zeit für ein Abenteuer!

Wir wussten, dass es hart werden würde, aber die letzten Stunden waren ein absoluter Albtraum. Unsere Arme schmerzen, unsere Hände sind voller Blasen, unsere Unterarme sind wund gescheuert.

Hinter einem umgestürzten Baum begann der Fluss sich zu winden. Das dichte Blattwerk kam immer näher. Äste streckten sich nach uns aus wie tastende Finger. Zwei Stunden lang arbeiteten die Sehnen unserer Arme gegen die heftige Strömung an. Sie bewahrten uns davor, in dem tödlichen Gewirr der Bäume mit unserem Boot verloren zu gehen. Es war, als würde man einen Rennwagen steuern, bei dem die Fahrbahn auf einen zurast statt umgekehrt. Ein kleiner Lenkfehler, und das wars.

Als es dunkel wurde, packte uns langsam die Verzweiflung. Sollten wir im Kanu schlafen und es an einem der Äste festbinden, die über den Fluss ragten?

Doch der Gedanke, dass das Seil reißen könnte und wir im Schlaf ertrinken würden, ließ uns weiterpaddeln. Endlich fanden wir einen halbwegs geeigneten Landeplatz. Der Willkommensgruß blieb aus. Die Luft ist zum Schneiden, und es kommt einem vor, als könne man den Atem jeder einzelnen Kreatur spüren, die in der Dunkelheit lauert. Augen glitzern im Licht der Taschenlampe. Dazu all die Geräusche …

Bibi meint, ich wäre schuld, dass wir so spät los sind: „Deine dumme Zeichnerei ist reine Zeitverschwendung." Ich bin viel zu müde, um mich darüber zu ärgern.

Zitteraal!

Die Ameisen beim Abendessen – es gibt Zikade!

Ich war gerade ohne Taschenlampe im Dunkeln pinkeln. Auf einmal pikste es mich überall: Wanderameisen, überall an meinem Körper!
Ich liege jetzt in der Hängematte, die meisten habe ich entfernen können. Unter mir ist der Waldboden schwarz von Ameisen, Millionen von ihnen.
Ein paar habe ich immer noch unter der Kleidung.
Was ist das hier bloß für ein Ort?

Bein & Flügel der Zikade – Reste vom Abendessen

28. März

Es wird hell, und der Dschungel dampft. Es muss nachts geregnet haben. Ich habe gerade den Kopf einer Ameise gefunden, ihre Mandibeln steckten in meiner Brustwarze. Der Dschungel wird immer wilder. Ständig gibt es neue Regeln und neue Risiken. Ich war davon ausgegangen, dass es ein Kampf wird. Jetzt erst verstehe ich, was das eigentlich bedeutet. Hier ist alles bewaffnet, auch die Riesenameise*, die gerade durch das Lager gelaufen ist. Sogar die Pflanzen sind tödlich.

Ameisenkopf, hängen geblieben an meiner Brustwarze

Bibi liest in ihrer Hängematte. Ich weiß noch genau, was sie gesagt hat.

Tatsächliche Größe

Tropische Riesenameise

Autsch!

*Ein Blatt des giftigen Behaarten Knorpelbaums**, der bei indigenen Jägern beliebt ist. Bibi sagt, wenn man eine offene Wunde damit berührt, hört das Herz bald auf zu schlagen. Hier sind nicht nur die Tiere tödlich.*

*Tropische Riesenameise (Paraponera clavata): Sie besitzt angeblich den schmerzhaftesten Giftstich der Welt.
**Chondrodendron tomentosum ist ein hochgiftiges Lianengewächs, aus dem das Pfeilgift Curare gewonnen wird. Eine winzige Menge reicht aus, um das Nervensystem zu lähmen.

Ich habe mir die Originalkarte noch einmal angesehen. Der Fluss scheint ein paar Kilometer lang gerader zu sein. Hoffentlich. So einen Kraftakt wie gestern verkraften wir nicht jeden Tag.

Es ist kaum zu glauben, dass diese Karte schon einmal hier war. Ich stelle mir vor, wie der, der sie gezeichnet hat, ob Schomburgk oder jemand anderes, damals mit seinen einheimischen Führern entlanggepaddelt ist. Ob er sich auch fragte, wohin zum Teufel er unterwegs war und welche Gefahren auf ihn warteten? Irgendwie habe ich das Gefühl, dass sein Geist uns gerade Gesellschaft leistet.

10:00 Uhr

Es beginnt zu regnen. Sich die feuchte Kleidung von gestern anzuziehen, fühlt sich an, als würde man sich in nasses Seegras einwickeln. Wir haben die Ausrüstung mit der Plane abgedeckt. Los geht's.

12:30 Uhr

Der Regenwald macht seinem Namen alle Ehre, wobei „Regen" schon fast tiefgestapelt ist. Es ist eher so, als stünden wir unter einem Wasserfall. Wenigstens ist es warm. Von überall ergießen sich Bächlein mit hellem Sediment in den Fluss – wie Milch, die man in den Tee schüttet. Wir stellen uns gerade unter. Vielleicht war es das für heute.

16:00 Uhr

Sitzen fest. Zum Angeln ist das Wasser zu aufgewühlt. Ich konnte kein Feuer machen – nach zwölf Zentimeter verbranntem Fahrradschlauch habe ich aufgegeben. Zu essen gab es nur Reste von Reis und einen Keks. Der Regen prasselt. Spinnen in den Bäumen.

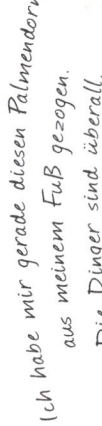

Ich habe mir gerade diesen Palmendorn aus meinem Fuß gezogen. Die Dinger sind überall.

1,8 Gramm pures Gold.
Ich kann gar nicht
aufhören, es anzuschauen.
Es ist so schön.

29. März

Heute Morgen ist es passiert. Bibi befreite das Kanu von Regenwasser, und ich spülte in einem Bach das Geschirr ab. Da sah ich unter Wasser etwas glitzern. Ich holte meine Goldwaschpfanne, und bald wirbelte ich darin ein Gemisch aus Sand und Kies auf, das ich vom Fuß eines kleinen Wasserfalls genommen hatte, bis das leichtere Sediment und der Sand herausgeschleudert wurden, sodass die schwereren Mineralien in der Pfanne blieben und schließlich nur noch der schwarze Sand übrig blieb – die feinen Metalle. Und dann sah ich einen goldenen Schimmer.

Ich tauchte die Pfanne vorsichtig in die Strömung und schwenkte sie. Bald kamen weitere Goldplättchen zum Vorschein. Nach 20 Minuten hatte ich fast zwei Gramm. Kein Zweifel: In diesen Bergen gibt es Gold.

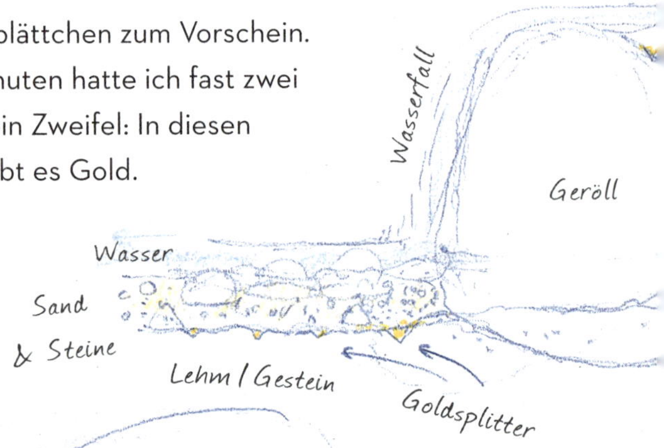

Ich habe noch nie in so kurzer Zeit so viel Gold gewaschen.

Wasserfall

Geröll

Wasser

Sand & Steine

Lehm / Gestein

Goldsplitter

Das Wasserbecken und die Wasserfälle

Rechts und links bildet die Vegetation dichte Mauern. Eine antike Stadt könnte fünf Meter entfernt liegen – wir würden sie nicht sehen. Sind wir vielleicht schon an tollen Entdeckungen vorbeigepaddelt? Ich hoffe nicht.

Ich will zurück zum Hauptfluss, aber Bibi will weiter.
Wir sind gestern kaum anderthalb Kilometer weit gekommen.
Doch ich kann ihr nicht sagen, warum ich hierbleiben will.

Gold am Rand des Wasserfalls

Meine Füße fangen an zu faulen.

Bisse von Kaboura-Fliegen

Am Abend

Den ganzen Tag sind meine Gedanken bei dem Fund von heute Morgen. Schomburgk hat in diesen Bergen garantiert Gold gefunden. Was ich nicht begreife: Warum hat er es geheim gehalten? Ich habe seinen Bericht jetzt dreimal gelesen: Da steht nichts von Gold.
Nur, dass er auf dem Hauptfluss durch das Gebirge fährt. Das ist alles. Er erwähnt weder den Gebirgsfluss noch eine Karte, geschweige denn den geheimnisvollen Letzten Fluss. Was auch immer er hier oben gefunden hat: Er hat seine Spuren verwischt – und zwar vollständig. Warum? Nach meinem Fund zu urteilen, könnten die Reichtümer, die sich in diesen Bergen verstecken, enorm sein. War es zu viel, um sie mitzunehmen? Hatte er Angst, man könnte ihn bestehlen? Oder dass sich jemand anderes das Land unter den Nagel reißt?

Ich glaube, meine Entdeckung verursacht mir Fieber – ich habe Schüttelfrost und Kopfschmerzen. Meine Füße faulen, und ich habe eine rote Schwellung am Oberschenkel. Und damit noch nicht genug: Ich habe jetzt nur noch eine Hose. Als ich die andere am Feuer trocknen wollte, ist sie ein bisschen zu sehr getrocknet …

Zweig einer Mimose, der ins Kanu gefallen ist

30. März

In den Baumkronen über unseren Köpfen war gerade ein ziemlicher Aufruhr – Totenkopfaffen sprangen über den Fluss, und einer herunter. Er stürzte etwa 18 Meter tief und landete hinter uns im Wasser. Wir paddelten zurück, um ihn zu retten, aber der Affe wurde von der Strömung mitgerissen. Wir versuchten, ihn einzuholen, um ihn aus dem Wasser zu ziehen.

Irgendwie schaffte er es, sich über Wasser zu halten. Er packte den Ast eines umgestürzten Baumes und kletterte hinauf. Er wirkte ganz durcheinander. Wir hielten uns ein Stück stromaufwärts versteckt und warteten ab, was passieren würde. Ich wollte ihm helfen, aber Bibi meinte, wahrscheinlich würden wir seine Familie abschrecken. Also paddelten wir weiter.

16:30 Uhr

Wir haben gerade einen Schatten gesehen. Der Affe läuft am Ufer neben uns her, was bedeutet, dass er verletzt sein muss. Wahrscheinlich findet er seine Familie nicht mehr wieder. Und ich dachte immer, Affen wären so sozial! Glaubt sein Rudel vielleicht, dass er ertrunken ist? Haben wir sie verscheucht? Bei jeder Kurve, um die wir paddeln, will ich nach der vertrauten Gestalt hinter uns Ausschau zu halten.

Lager

Wir haben etwas Futter hingelegt, aber für einen verletzten Affen gibt es hier nicht viel Hoffnung. In der Dunkelheit gehen die Großkatzen auf Beutezug. Bibi ist wegen etwas anderem sauer. Sie hat vorhin ihre Minolta-Kamera über Bord geworfen. Dann ist sie hinterhergesprungen und hat sie noch geschnappt, doch die Kamera sieht nicht gut aus. Sie ist ihr wichtigstes Hilfsmittel, um ihre Funde festzuhalten. Ob das die Strafe dafür ist, was sie über meine Zeichnungen gesagt hat? Sie hat ohnehin bisher keine neue Tierart entdeckt – und schon gar keine unsichtbaren Frösche. Wenn sie jetzt etwas findet, wird sie es später niemandem zeigen können.

Wieder ist alles voller Insekten. Dieser Urwald macht uns ganz schön zu schaffen. Den ganzen Abend über haben wir kaum geredet. Bestimmt überlegt sie, wie sie mich mit meiner „dummen Zeichnerei" um Hilfe bitten kann.

Ein Schatten, der uns verfolgt

31. März – ein neues Crew-Mitglied

Wir packten gerade unsere Sachen zusammen, als wir merkten, dass wir Gesellschaft hatten. Unser Begleiter versteckte sich im Schatten einer Palme. Wir legten ein wenig übriggebliebenes Zuckerrohr aus. Das kleine Äffchen nahm es und hüpfte, leicht hinkend, zurück ins Unterholz. Wir dachten, es sei fort. Als wir gerade ablegen wollten, kam es ans Ufer. Wollte der kleine Affe mitkommen? Bibi ließ das Kanu von der Strömung zurück ans Ufer treiben.

Sicher werden mir viele Primatologen* das nicht glauben, aber das Äffchen hüpfte einfach an Bord. Unser neuer Freund ist schon den ganzen Vormittag bei uns. Er balanciert auf unserer Ausrüstung, die in der Mitte des Kanus aufgetürmt ist. Ständig schaut er sich um. Vielleicht sucht er seine Familie. Ich habe die Kekse unter der Plane versteckt.

NUTKIN

Art: Totenkopfaffe; Geschlecht: männlich
Alter: jugendlich, vermutet Bibi
Höhe: ca. 30 cm; Länge: ca. 60 cm
Merkmale: linker Vorderarm verletzt, linkes Ohr schief
Eigenschaften: frech, zappelig, kaut gerne auf Dingen herum

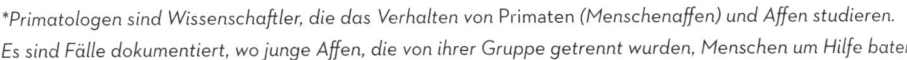

*Primatologen sind Wissenschaftler, die das Verhalten von Primaten (Menschenaffen) und Affen studieren. Es sind Fälle dokumentiert, wo junge Affen, die von ihrer Gruppe getrennt wurden, Menschen um Hilfe baten.

Unser Begleiter, der Totenkopfaffe Nutkin, im Kanu.*

Ein paar Beilbauchfische sprangen aus dem Wasser und flogen über unser Kanu hinweg! Dieser hier hat es nicht ganz geschafft. Wurden sie von Piranhas gejagt?

18:00 Uhr

Wir haben etwa sechs Kilometer weiter flussaufwärts unser Lager aufgeschlagen. Jedes Mal, wenn wir heute angehalten haben, haben wir damit gerechnet, dass unser neuer Gefährte aus dem Boot springt und in den Wald flieht. Aber er möchte offenbar bei uns bleiben. Wir haben ihn Nutkin genannt, nach dem Eichhörnchen in dem Kinderbuch von Beatrix Potter. Ich finde, er sieht ein wenig so aus wie ihr Eichhörnchen, und er liebt Nüsse (nuts). Er hinkt leicht, aber er lässt uns nicht an sich heran, um nachzusehen. Wenn er nicht klettern kann, hat er kaum Chance zu überleben.

Ich frage mich, wie lange er bei uns bleiben wird. Nach all den Nüssen, die Bibi ihn füttert, wahrscheinlich eine ganze Weile. Es macht mir nichts aus, aber: Wir haben keine unbegrenzten Vorräte. Trotz der Ablenkung fühle ich mich immer noch ziemlich mies. Alle paar Stunden kriege ich die Kopfschmerzen. Und die Schwellung an meinem Bein wird immer dicker. Ich muss mich zwingen, Tagebuch zu schreiben.

*Es gibt fünf verschiedene Arten von Totenkopfaffen. Der Zeichnung und dem Standort nach müsste Nutkin ein Saimiri sciureus sein.

1. April

Mittags haben wir an einem kleinen Strand Pause gemacht. Nutkin, der den ganzen Morgen über ruhig war, sprang plötzlich auf einen Ast und begann unkontrolliert zu quieken. Bibi zeigte auf das Laub direkt hinter uns. Dort lag, perfekt getarnt, eine Schlange – braun gesprenkelt, mit rautenförmigem Kopf, etwa einen Meter lang. „Eine Lanzenotter", erklärte Bibi ruhig. Viele Schlangen sehen einander so ähnlich, dass ich nie weiß, welche elende Schmerzen zufügen können und welche harmlos sind. Als Bibi aufstand, um ihren Schlangenhaken zu holen, sagte sie leise: „Die ist tödlich."

Das hier lag in der Nähe – hat unsere Schlange sich gehäutet?

17:00 Uhr

Am Abend zeigte ich Bibi die schmerzhafte Schwellung an meinem linken Oberschenkel. Sie drückte auf die Stelle. Etwas zappelte unter meiner Haut und Eiter kam aus einem kleinen Loch.

*Terciopelo-Lanzenotter (Bothrops atrox) ist eine hochgiftige Grubenotter. Ein rautenförmiger Kopf ist oft ein Zeichen dafür, dass eine Schlange giftig ist.

„Ein Moskito-Wurm", sagte sie, ein bisschen zu begeistert.*
„Man muss Vaseline auf das Loch schmieren, dann erstickt er."
Dummerweise hatten wir keine Vaseline mit. „Dann musst du ihn rausziehen, aber dazu muss er erst größer werden."
Mir wird schlecht.

Um ehrlich zu sein, meine Gedanken sind ganz woanders. Ich habe in der Nähe des Lagers Spuren entdeckt. Nur ein Tier hat hier so große Pfoten: ein Jaguar. Die frischen Abdrücke laufen das Ufer entlang und verschwinden im Wasser. Mir läuft es kalt den Rücken hinunter. Ich werde das Gefühl nicht los, dass uns etwas aus dem Schatten heraus beobachtet. Ich hoffe, die Nacht bleibt friedlich.

2. April

In der Nacht wurden wir von einem lauten Krachen geweckt, dann explodierte die Glut des Lagerfeuers zu tausend Funken. Im Schein der Glut sah ich kurz das gefleckte Bein eines Jaguars, dann war er weg. Man hörte ein Platschen und dann ein Quieken. Offenbar hatte er ein Wasserschwein gejagt und im Wasser eingeholt. Aber wo war eigentlich Nutkin? Während der Jaguar seine Beute das andere Ufer hinaufzog, suchten wir überall nach ihm. Schließlich fanden wir ihn, auf halber Höhe an einer stacheligen Palme – sein Arm scheint also doch noch zu funktionieren.

Ein Abdruck von der Pfotenspur. Der Größe nach zu urteilen, handelt es sich um ein erwachsenes Männchen. Die Ränder des Abdrucks zeigen, dass die Spur höchstens ein paar Stunden alt ist. Wir sollten die Augen offenhalten.

*Ein Moskito-Wurm ist die Larve der Dasselfliege. Moskitos können beim Stechen die Eier der Dasselfliege übertragen. Bald schlüpfen Larven, die unter der Haut leben und wachsen, bis daraus Dasselfliegen werden.

Der Moment, als der Jaguar durch das Lager rannte. Es ging alles ganz schnell. Nachdem wir Nutkin gefunden hatten, zündeten wir das Feuer wieder an und warteten bis zum Morgengrauen. Wir waren den Rest der Nacht meistens wach. Ich zittere immer noch ein wenig – vielleicht auch nur aus Erschöpfung.

4. April

Es sind schon zwei Tage vergangen, seit ich das letzte Mal geschrieben habe. Nach unserer Begegnung mit dem Jaguar ruderten wir noch eine Weile flussaufwärts, dann gab mein Körper auf. Seitdem habe ich immer wieder Fieber. Zum Glück wirkte das Chloroquin, und nach 48 Stunden Schlaf habe ich das Schlimmste überstanden.*
Bibi hat sich rührend um mich gekümmert. Ich habe ihr meine Dienste als Zeichner angeboten. Ich meinte, das wäre wie bei ihrem Helden: Humboldt**. Entdecker spielen wie vor 100 Jahren – ich glaube, das hat ihr gefallen.

Wir befinden uns auf einer Art Insel, was uns hoffentlich vor streunenden Raubtieren schützt. Unten im Fluss schwimmt eine Horde Wasserschweine. Ihre Köpfe sehen aus wie eine Flotte kleiner Boote.

Wir werden wahrscheinlich ein paar Tage bleiben, ich muss mich erholen. Ich bin fast versucht, meine Goldwaschpfanne herauszuholen, aber ich bin noch zu schwach. Ich habe mehrmals schlecht geträumt. Die Stiche im Bein erinnern mich an den Moskito-Wurm, der mich von innen anknabbert. Das war leider kein Traum. Nutkin scheint sich zu freuen, dass ich wieder wach bin. Er hat mir eine Kakerlake gebracht. Ich habe dankend abgelehnt.

*Es scheint ein Malariaanfall zu sein. Die Krankheit wird von Moskitos übertragen. Das Medikament Chloroquin hilft dagegen.
**Alexander von Humboldt war ein großer Naturforscher. Mit seinen Reisen und Ideen hat er Charles Darwin und Alfred Russell Wallace zu ihrer Evolutionstheorie angeregt. Wie damals üblich, hat er die Texte über seine Entdeckungen illustriert.

5. April

Heute ging es mir besser. Ich beschloss, mit Bibi einen nächtlichen Streifzug zu machen. Nutkin blieb im Lager – als ob er wüsste, wohin wir gehen. Die Luft war frisch. Wir gingen hintereinander und beleuchteten mit unseren Taschenlampen den Weg, den Bibi uns mit der Machete bahnte. Man hörte nur das „Tsch, tsch!" ihres großen Messers und das Stapfen unserer Gummistiefel – Schutz gegen Schlangen.

Zuerst kam mir der Dschungel völlig leer vor. Aber als wir tiefer eindrangen, funkelten uns immer öfter Augen an – von Fröschen und großen Spinnen. Die rot leuchtenden Augen gehörten zu Schlangen. Bibi war ganz in ihrem Element. Ich war froh, lebend wieder rauszukommen.

22:00 Uhr: Wir sind mit Zecken übersät, aber ich will alles zeichnen, solange die Erinnerung noch frisch ist.

In der Dämmerung beim Überqueren einer Brücke, die ein umgestürzter Baum ist.

Mit den Geißeln spürt er die Bewegungen seiner Beute.

Zangenbewegung

GRÜNE HUNDSKOPFBOA

Die Augen verborgener Schlangen glitzerten rot im Licht der Taschenlampen.

Als sich meine Augen an die Dunkelheit gewöhnten, sah ich die Schlange: eine Grüne Hundskopfboa. Wir beobachteten sie eine Weile. Sie hing an einem Ast und wartete geduldig auf eine Fledermaus, einen Vogel oder einen Frosch.

Bibis Notizen und Skizzen zeigen, wie Boas große Beute verschlingen.

GEISSELSKORPION in tatsächlicher Größe. Offenbar zählt dieses abscheuliche Ding zu den Spinnentieren. Laut Bibi ist es harmlos.

Eine Zecken-Auswahl von heute

Hundskopfboa-Schädel

Der Unterkiefer wird ausgehakt.

Verschluckt die Beute im Ganzen

Pfauenauengenschrecke
Pterochroza ocellata

Holzbohrkäfer

6. April

Ich gebe mir Mühe, alles zu dokumentieren, was wir finden.
Bibi redet dauernd darüber, was für ein Wunder dieses Ökosystem ist.
Ich höre kaum hin. Trotzdem bin ich froh, dass ihre Kamera kaputt ist. Ich fand Insekten bislang immer entweder uninteressant oder eklig, aber wenn ich sie zeichne und mich mit ihrem komplizierten Körperbau, den Linien und Farben beschäftige, sehe ich ihre Unterschiede und ihren ganz eigenen Charakter.

Ich musste diesen Käfer da
immer wieder aufheben und neu hinsetzen, weil
er über das Blatt lief. Jetzt ist er fort. Ein Teil von mir würde ihm gerne folgen und sehen, wohin er läuft. Offenbar lebt diese Spezies nur in einer bestimmten Baumart, der Eschweilera.* Vielleicht ist es ein Zufall, aber Bibi sagt, die Orchideenbienen**, die wir heute Morgen gesehen haben, sind die einzigen Insekten, die die Eschweilera bestäuben können.

Vielleicht hat sie recht – vielleicht sind diese Insekten interessanter, als ich dachte. Aber bei einer Art wünschte ich, sie würde aussterben. Es ist Zeit, die Dasselfliegenlarve zu fangen.

???
Passionsfrucht-Käfer
Diactor bilineatus

Ich drücke den „Vulkan" zusammen. Der Kopf der Larve guckt heraus.

Mit einer Pinzette verhindere ich, dass sie sich wieder eingräbt.

Nach und nach kommt die Larve heraus.

Stacheln rund um ihren Körper

Eine zerquetschte Dasselfliegenlarve

*Palame anceps: Das ist ein Holzbohrkäfer, der nur in einer bestimmten brasilianischen Baumart (Eschweilera coriacea) vorkommt.
**Nur weibliche Orchideenbienen der Gattung Euglossa können die Blüten der Eschweilera coriacea öffnen. Die Bienen selbst stehen in gegenseitiger Abhängigkeit zur Orchidee (Coryanthes vasquezii).

7. April

Diese letzten paar Tage, in denen wir Tiere dokumentiert haben, waren eine dringend nötige Pause. Wir fühlen uns jetzt beide ausgeruht und bereit, uns weiter stromaufwärts vorzuarbeiten. Ich bin auf einen felsigen Vorsprung geklettert, um zu sehen, was vor uns liegt. Endlich mal frische Luft – hier oben kann ich denken und durchatmen.

Ich bin von Baumkronen umgeben. Unter mir, jenseits unserer Insel, scheint sich der Fluss zu teilen, und er verschwindet für eine Weile unter den Bäumen. In der Ferne kann ich die Gischt der Stromschnellen und Katarakte* erkennen, wenn sich der Fluss durch das dunkler werdende Tal schlängelt. Dort müssen wir entlang. Wenn ich mir den Fluss anschaue, spüre ich ein wachsendes Unbehagen. Wir haben mit Stromschnellen gerechnet – aber ich bin mir sicher, in der Ferne Wasserfälle zu sehen. Die Aussicht lässt unsere bisherigen Anstrengungen geradezu lächerlich wirken.

Jenseits der Stromschnellen liegt eine endlose Aneinanderreihung steiler Hänge. Wenn die Karte stimmt und die dünne blaue Linie der Letzte Flusses ist, dann müsste der Zugang zu ihm am rechten Ufer liegen – also kurz hinter den letzten Stromschnellen oder Wasserfällen. Von dort aus verschwindet der Flusslauf in der ausradierten Landschaft. Das ist das Gebiet, dessen dunkle, bewaldete Gebirgskämme sich wie eine undurchdringliche Wand vor uns auftun. Mit den Augen suche ich die ganze Ebene nach Hinweisen ab. Vergebens.

Seit ich das Gold im Bach gefunden habe, höre ich im Kopf eine leise, aber beharrliche Stimme. Sie flüstert mir zu, dass ein glitzernder Schatz auf mich wartet. Je näher wir den Bergen kommen, desto lauter wird sie.

*Ein Katarakt ist ein Fluss-Abschnitt mit Wasserfällen und steilen Stromschnellen. Er kann sehr gefährlich sein, voller versteckter Felsen und Unterströmungen.

Wir sind wieder auf dem Fluss, der sich in mehrere Flussläufe teilt. In der seidigen Oberfläche des Wassers spiegeln sich die Grüntöne des Dschungels. Ich beobachte Nutkins Kopfbewegungen – seine Sinne nehmen Dinge auf, die wir nicht wahrnehmen können. Ab und zu trägt eine schwache Brise das ferne Rumpeln der Stromschnellen zu uns herüber.

8. April – kein Durchkommen

Wir sind weiter flussaufwärts gefahren. Unzählige umgestürzte Bäume blockieren den Fluss. Unter einigen konnten wir durchpaddeln, um andere herumfahren. Viele müssen wir auch durchsägen oder Kanu und Gepäck hinüberwuchten. Gestern haben wir nur acht Stämme und 500 Meter geschafft. Das ist viel zu langsam. Unsere Lebensmittelvorräte gehen zur Neige. Wenn das so weitergeht, müssen wir umkehren.

18:00 Uhr

Wir saßen gerade am Feuer, als dieses „Ding" hier auf seinen Brustflossen aus dem Wasser kam und auf uns zukroch. Einen Moment lang fürchtete ich, es würde Nutkin mitnehmen. Dann schnappte es sich mit seinem gewaltigen Gebiss den Fisch, den wir zum Abendessen braten wollten – und verschwand wieder in der Dunkelheit. Was war das denn schon wieder? Irgendwie musste ich an den Schädel denken, den ich bei dem alten Mann gesehen hatte. Langsam habe ich die Nase voll von Fischen.

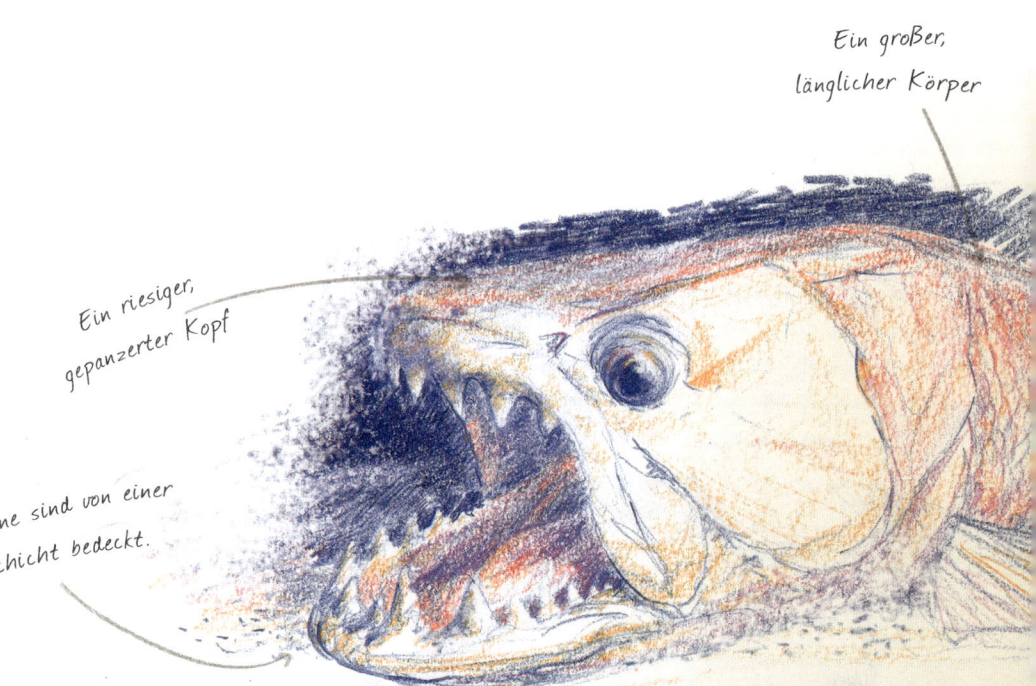

Ein großer, länglicher Körper

Ein riesiger, gepanzerter Kopf

Die Zähne sind von einer Hautschicht bedeckt.

*Dieser Fisch ist mit ziemlicher Sicherheit der gefürchtete Anjumara. Er kann außerhalb des Wassers atmen und auf den Brustflossen krabbeln.

Wir parken unsere Habseligkeiten auf einem Baumstamm, um das Kanu rüberzuhieven. Dann laden wir alles wieder ein. Immer wieder aufs Neue. Umgestürzte Bäume liegen wie die Skelette von Walen unter der Wasseroberfläche. Was hat diese Riesen zu Fall gebracht?

9. April

Wir haben uns gestritten. Ziemlich heftig. Es fing wegen einer Nichtigkeit an. Offenbar habe ich das Kanu zu schnell über einen Baumstamm geschoben und bin damit gegen Bibi gestoßen. Ich sagte, sie müsse lauter reden, damit ich sie höre, und wenn wir uns nicht beeilten, würden wir es nie schaffen. Sie wurde sauer und meinte, ich sei ja nur hier, um Gold zu suchen!

Wie konnte sie das wissen? Sie muss mein Tagebuch gelesen haben. Das ist die einzig mögliche Erklärung. Wer tut so was? Dann sagte sie, ich hätte ihr Vertrauen missbraucht. Außerdem würden wegen Leuten wie mir ganze Tierarten aussterben. Ich weiß nicht, warum sie so wütend ist, man kann durchaus Gold suchen, ohne den halben Amazonas zu zerstören. Ich habe es satt, dass sie so ein Gutmensch ist. Jedenfalls antwortete ich, nur Idioten würden nach unsichtbaren Fröschen suchen. Das kam nicht wirklich gut an.

Wir haben uns schon öfter gestritten, aber das hier ist anders. Wir stecken fest, mitten im Nirgendwo, mit einem humpelnden Affen und schwindenden Essensvorräten. Wie lange können wir noch weitermachen? Manchmal will ich einfach nur umkehren und von hier verschwinden.

Er krabbelt auf seinen Brustflossen.

18:00 Uhr

Wir reden immer noch nicht miteinander. Die Luft ist schwer und abgestanden, sie drückt mir auf die Brust. Unsere Haare und Kleider stinken, als ob wir verfaulen, und meine Wunde eitert. Irgendwie fühlt sich dieser Ort nach Tod und Verfall an. Selbst der Fluss atmet kaum noch.

10. April

Heute Morgen wachte ich von einem lauten Schrei auf. Ich stolperte aus der Hängematte und rannte auf das Geräusch zu, das vom Fluss kam.

Bibi klammerte sich verzweifelt an den Ast eines umgestürzten Baumes, sie hing bis zur Brust im dunklen Wasser. Ihr Gesicht war blass vor Angst. Und dann sah ich sie: dicke, verschlungene Windungen im Wasser, die sich um Bibi gewickelt hatten.

Ich krabbelte über den Stamm und packte ihre Handgelenke. Ich zog, aber sie bewegte sich keinen Zentimeter. Ich spürte, wie sich Bibi mit den Nägeln in meine Haut krallte, als sie tiefer gezogen wurde. Wir wussten beide: Wenn es der Schlange gelang, sie unter Wasser zu ziehen, würde ihr Oberkörper so fest zusammengepresst, dass ihr Zwerchfell nicht mehr funktionieren würde. Und ihre Lunge würde sich mit Wasser füllen. Wir blieben eine gefühlte Ewigkeit lang in dieser Position. Dann fand Bibi mit ihrem freien Bein Halt und konnte sich nach oben drücken. Ich hievte sie auf den großen Stamm und trat mit aller Kraft gegen den dicken Körper der Schlange. Das Tier ließ von ihr ab und glitt schwerfällig zurück ins Wasser. Wir lagen da und schnappten nach Luft. Ich sah noch, wie die Schlange davonschlängelte, sie war bestimmt sieben Meter lang.

Wir sind weiter flussaufwärts gepaddelt, nur um von hier fortzukommen. Nutkin weiß offenbar, was passiert ist. Er weicht Bibi nicht von der Seite.

20:00 Uhr

Bibi schläft unruhig. Bestimmt träumt sie von dem Biest. Ich muss immer wieder daran denken, wie es sich um sie wickelte. Das war so brutal. Ich hatte recht, was diesen Ort betrifft. Die Zähne, die Gifte – das Leben hier ist ein nie enden wollender Kampf. Die Einzigen, die hier vom Aussterben bedroht sind, sind wir.

Unser Streit ist fürs Erste vergessen. Und der Letzte Fluss auch.
Ich hätte heute fast meine Freundin verloren. Morgen müssen
wir entscheiden, ob wir weiterfahren oder umkehren.

11. April

Nach einem langen Gespräch haben wir beschlossen weiterzufahren. Dass sie fast aufgefressen worden wäre, hat uns offenbar neuen Schwung gegeben. Vielleicht wollen wir auch einfach nicht an den Ort des Geschehens zurückkehren. Zum Glück werden die umgestürzten Bäume weniger. Trotzdem habe ich Angst. Kommt das noch von gestern, oder ist es die Angst vor dem, was noch kommen wird? Nutkin weiß zu schätzen, dass wieder bessere Stimmung zwischen uns herrscht, und hüpft im Kanu auf und ab.

Schaumberge treiben vorbei. Ein Zeichen für das, was vor uns liegt.

Nutkin stiehlt den letzten Rest Erdnussbutter. SCHULDIG

Seinem Arm geht es zum Glück immer besser. Ich hoffe weiter, dass wir eine Gruppe Totenkopfaffen finden, die ihn aufnimmt. Er ist ein Wild- und kein Haustier, obwohl ich zugeben muss, dass ich ihn echt liebgewonnen habe.

Am Abend

Bibi erzählt von der Astronomie der Ureinwohner, die ihre Großmutter ihr erklärt hat. Ich zeige auf das Sternbild, das gerade im Westen zu sehen ist. „Das nannte sie die Jararaca, das bedeutet ‚Viper'", sagte sie. „Wenn der Kopf der Viper nach Sonnenuntergang erscheint, bedeutet das, dass es bald regnen wird. Aña Duhpoa Poero (sie hat mir das buchstabiert) – das heißt ‚Flut vom Kopf der Viper'. So kann man vorhersagen, wann der Flusspegel steigt." Dann erzählte sie mir von den Sternbildern Gürteltier, Mhua-Fisch und Jaguar. Sie sagen den Menschen, wann man was anpflanzen soll, wo man wann Fische findet und so weiter. Ich sollte das alles aufschreiben, aber ich wollte einfach nur zuhören.

Wenn ich die funkelnden Lichter über mir sehe, ist es ein seltsames Gefühl zu wissen, dass auch andere Menschen dort hinaufschauen. Vielleicht von irgendeinem Vorstadtgarten aus. Es fühlt sich an, als ob die Sterne eher für uns hier unten in der ungezähmten Wildnis scheinen als für die Städter. Es kommt mir fast so vor, als ob hinter den Bäumen Dinosaurier umherstreifen und wir die einzigen Menschen auf Erden sind.

Das schlangenartige Sternbild Jararaca. Die Sterne glitzern wie Gold

Nutkin liegt zusammengerollt am Ende meiner Hängematte. Ab und zu höre ich einen Rülpser und rieche Erdnussbutter. Draußen singt der Wald in der Dämmerung, Fledermäuse flattern durch das Blau. In der Ferne hört man schon die nächsten Stromschnellen. Wir sind jetzt mittendrin im Abenteuer, unser Leben außerhalb scheint kaum noch zu existieren.

Bibi steht auf einem der beiden riesigen Felsbrocken. Es ist 17:00 Uhr, wir haben einen möglichen Lagerplatz gefunden. Und eine Harpyie gesichtet. Wahrscheinlich will der Greifvogel Nutkin als Abendessen.

Nutkin hält sich fest, während wir gegen die Strömung ankämpfen. Die Felsen sind glitschig. Jeder Zentimeter vorwärts fühlt sich an wie eine Heldentat.

Stromschnellen – Tag 1

Der Fluss ist voller Felsbrocken. Wir haben es geschafft, durch die meisten Abschnitte zu waten und das Kanu zu ziehen. Ein paar interessante Tage warten auf uns.

Wir haben in dem Becken unter dem Wasserfall viele Zitteraale gesehen. Hoffentlich halten sie sich nur im tieferen Wasser auf. Der Fluss ist rund 20 Meter breit. Wir halten Ausschau nach einem Lagerplatz.

Der erste Wasserfall ist etwa 4,50 Meter hoch. Wir haben das Kanu ausgeladen und alles am Rande des Stroms hochgetragen. Wir mussten dreimal hin und her laufen. Nutkin saß wie ein römischer Konsul in seiner Sänfte. Der Lärm ist ohrenbetäubend. Der Fluss ist erwacht!

Vertikaler Höhenunterschied, ca. 100 m

Ende der Wasserfälle

ROUTE: AM WASSERFALL HOCH

Von hier an mussten wir das Kanu tragen.

Höchster Wasserfall

Aktuelle Position

14. April – der Wasserfall!

Vor uns stürzt das Wasser trichterförmig eine Schlucht hinab. Das Geräusch ist ohrenbetäubend. Der arme Nutkin hat ein wenig Angst. An der Seite des Wasserfalls scheint es einen Weg nach oben zu geben. Er ist steil, sieht aber aus, als wäre er zu schaffen. Das ist das letzte Hindernis! Bis zur Mündung des Letzten Flusses können es kaum noch anderthalb Kilometer sein.

Ein Büschel von Nutkins
Haaren, das ich im Fluss
gefunden habe.

Nutkin ist weg. Ich fürchte, er ist ertrunken. Das Kanu ist zerstört. Wir sind am Ende.

Oberhalb der Wasserfälle war das Wasser ruhiger, und wir beschlossen, wieder ins Kanu zu steigen. Ich muss einen Moment lang nicht aufgepasst haben: Plötzlich neigte sich der Bug des Kanus. Eine Sekunde später hatten wir die Kontrolle verloren und kenterten. Es ging alles blitzschnell. Kurz bevor wir über den ersten Wasserfall kippten, sah ich, wie Nutkin versuchte zu springen. Dann war ich unter Wasser, das Kanu über mir. Als ich endlich auftauchte, angelte Bibi verzweifelt nach ihrem Paddel. Dann wurden wir zwischen Felsblöcken hindurchgezogen und landeten im nächsten Wasserbecken. Vor uns sah ich die glatte Kante des höchsten Wasserfalls und hörte sein Rauschen. Irgendwie schaffte ich es gerade noch, mich an einem Ast festzuhalten und an Land zu ziehen. Bibi kniete schon auf einem Felsbrocken am gegenüberliegenden Ufer. Ihr Blick war leer. Unter uns hing das zerfetzte Kanu immer noch über einem Felsen. Wir schauten uns beide nach Nutkin um. Ich fürchtete, er wurde über die Wasserfälle mitgerissen. Mir war übel.

Wir haben fast unsere gesamte Ausrüstung und Vorräte verloren. Wir sind in großen Schwierigkeiten, aber irgendwie scheint das im Moment keine Rolle zu spielen. Es ist spät. Wir müssen ein Lager errichten.

Was habe ich nur getan?

Wir sind flussaufwärts gegangen. Weg von den Wasserfällen. Weg von allem, was passiert ist.

Bibi hat seit dem Vorfall kein Wort gesagt. All ihr wissenschaftliches Material, all ihre Notizen sind weg. Der Verlust von Nutkin macht das nur noch schlimmer. Ein paar Dinge konnten wir retten. Wir haben das Fass mit den Essensvorräten gefunden, eingekeilt zwischen Felsen. Der Inhalt ist größtenteils dahin. Wir haben noch eine Machete und ein wenig Essen. Das meiste ist futsch, auch unsere Angelausrüstung und Arzneimittel. Wir kümmern uns ab sofort nur noch ums Überleben.

Es wird dunkel. Die Farbe und das Licht schwinden, genau wie unsere Hoffnung. Ich denke an all das, was ich noch verlieren könnte: meine Freunde, meine Familie, Bibi. Verdammt, ich hätte meinen Eltern sagen sollen, wo ich hingefahren bin. Ich wollte nicht, dass sie sich Sorgen machen. Jetzt werden sie es vielleicht nie erfahren.

Alles, was ich
hören kann,
sind das rastlose
Wasser und ein
hohes Geräusch, das
nicht aufhören will.
Die Nacht verschluckt
uns. Ich kann nicht mehr
kämpfen. Dschungel, du
hast gewonnen. Behalte
deine Geheimnisse und
lass uns einfach leben!
Alles, worum ich dich bitte,
ist ein Blick auf den Letzten
Fluss. Nur ein flüchtiger Blick.
Er ist so nah – und doch fühlt
er sich so fern an wie die Sterne.

15. April

Den Letzten Fluss gibt es nicht. Wir haben gesucht und gesucht, aber da ist nichts. Nicht mal ein kleiner Bach. Drei Kilometer lang säumen grüne Wände den Fluss, ohne eine Lücke. Der ausradierte Bereich auf der Karte muss ein Fehler gewesen sein, die blaue Linie ein Versehen des Kartographen: Die Karte ist echt. Das Geheimnis jedoch nur Fantasie. Wie eine leere Leinwand, auf die ich gemalt habe, was ich sehen wollte – ein geheimnisvolles Königreich. Wie konnte ich nur so leichtgläubig sein? Für ein albernes Märchen habe ich alles riskiert.

Und jetzt sind wir im Dschungel gefangen – mit wenig Hoffnung, jemals heimzukehren. Ich habe uns diesen Albtraum beschert, für nichts und wieder nichts.

13:00 Uhr

Wir haben beschlossen, heute Nachmittag wieder zum Fluss hinunterzugehen. Es wird schwierig, aber zumindest wissen wir, was auf uns zukommt. Wir werden jagen und nach Nahrung suchen. Mit etwas Glück erreichen wir in knapp zwei Wochen den Hauptfluss. Da können wir vielleicht eine Art Floß bauen. Einen anderen Plan haben wir im Moment nicht.

WAS WIR NOCH HABEN
1 Plane, 2 Hängematten, 1 Stirnlampe, 1 Machete, 2 Messer, für jeden 1 x Wechselkleidung, Feuerzeug, Seile, 1 wasserdichter Sack, 1 kaputter Behälter, Tagebuch & Stifte

VERLOREN
Kanu, Angelrute, die meisten Seile, Verbandskasten, viele Kleidungsstücke, 1 Stirnlampe, 1 Machete, Beutel mit Lebensmitteln, Gewürze, Bücher, Bestimmungsbücher, Bibis wissenschaftliche Ausrüstung und Notizbücher, Kulturbeutel, sämtliche Präparate

Bibi hat einen Bogen aus einem Stück Swartzia-Holz geschnitzt. Als ich ihr zusah, hatte ich das Gefühl, dass der Urwald genau das Gleiche mit uns macht: Er lässt von uns nur das Wesentliche übrig. Alles andere schneidet er weg.

Am Abend

Dunkle Wolken ziehen über dem Tal auf. „Aña Duhpoa Poero", sagt Bibi. „Der Regen kommt." Jetzt prasselt der Regen auch schon auf den Fluss, wir hören Donnergrollen. Wir werden warten müssen, bis wir aufbrechen können. Der Dschungel ist noch nicht mit uns fertig.

Bibi hat mit ihrem Bogen unser Abendessen gefangen. Die Zähne, die kalten schwarzen Augen – genau so ein prähistorischer Riese hat uns neulich unseren Fisch gestohlen.

16. April

Es ist schwer in Worte zu fassen, was sich in den Stunden seit meinem letzten Eintrag ereignet hat. Das Donnergrummeln begann in der Abenddämmerung. Um 20:00 Uhr war das Gewitter da. Plötzlich wurde für einen Moment alles um uns weiß. Ein ohrenbetäubender Knall, wie ein Gewehrschuss. Dann das Geräusch von splitterndem Holz, ein Krachen in den Baumkronen. Bibi bewegte sich als Erste. Ich erstarrte in meiner Hängematte und hörte in der Dunkelheit einen Baum. Er fiel mit einem mächtigem „Schhhhhh" runter. Dann krachte der Riese links von uns auf den Boden – vielleicht 15 Meter entfernt. In der Dunkelheit war es schwer zu schätzen. Der Regen war jetzt so stark, dass wir unser eigenes Rufen nicht mehr hörten. Wir nahmen unsere Sachen und suchten weiter flussaufwärts Schutz am Rande einer felsigen Schlucht. Das Gewitter schien ewig zu dauern, schließlich zog es doch talabwärts. Der Regen ließ trotzdem nicht nach. Irgendwann waren wir so müde, dass wir einschliefen.

Beim ersten Tageslicht wurde ich von einem Rauschen geweckt. Noch im Halbschlaf sah ich, wie unser Essensfass unter meiner Hängematte davonschwamm. Ich dachte, ich träume. Dann bemerkte ich das Wasser. Die Schlucht hatte sich in einen reißenden Strom verwandelt. Wir sprangen aus unseren Hängematten, standen bis zu den Knien im kalten Wasser und schnappten unsere wenigen Habseligkeiten, die schon in Richtung Fluss geschwemmt wurden.

Fließendes Wasser! Das hier war ein Fluss. Ein Fluss, den es bis vor ein paar Stunden noch nicht gegeben hatte. Der Letzte Fluss – wir hatten ihn gefunden! Oder besser gesagt: er uns.

Der alte Mann hatte recht. „Wartet auf den Regen, er wird euch hinführen" – das hatte er gemeint. Der Letzte Fluss war gar kein normaler Fluss. Er war ein Regenfluss*. Die Flut des Vipernkopfs, geboren aus Donner und Regen. Die Karte hatte die ganze Zeit gestimmt. Schomburgk muss hier vorbeigekommen sein, als es regnete. Er dachte, es sei ein ganz normaler Fluss, den es zu erkunden galt. Dabei scheint der Berghang eigentlich zu klein, als dass er solche Wassermassen herunterschicken kann. Was hat das zu bedeuten? Ich will das jetzt wissen! Das hier ist kein Spiel mehr. Vielleicht entdecken wir die Wahrheit, wenn wir dem Fluss folgen. Vielleicht kehren wir auch nicht mehr zurück.

*Ein Naturereignis, das oft in Gebirgsregionen auftritt, wo starke Regenfälle oder schmelzender Schnee trockene Flussbetten füllen und Sturzfluten verursachen. Sie treten meist ohne Vorwarnung auf, was sehr gefährlich sein kann.

Blick über das Tal. Unter uns ist der Gebirgsfluss aus dem Blickfeld verschwunden.

Mittags

Den ganzen Vormittag ging es stetig den Berghang hinauf. Durch eine Reihe von Spalten und Schluchten, die von unten kaum zu erkennen waren. Noch immer strömte das Wasser, gespeist von Bächen, die nach dem Gewitter letzte Nacht von den Berghängen herabflossen. Heute Morgen haben wir gemeinsam beschlossen, dem Letzten Fluss zu folgen. Wir sind uns klar über die Folgen – und trotz unserer Situation immer noch hoffnungsvoll. Ich weiß nur nicht, worauf wir hoffen.

14:00 Uhr

Wir sind jetzt etwa 700 Meter den Berghang hinaufgeklettert und haben einen Steilhang erreicht. Der Regenfluss dürfte nur noch ein Rinnsal sein, aber die Wassermenge hat kaum nachgelassen.

Quassia-Pflanze*: Offenbar kann man mit ihren Blättern einen Tee zubereiten, der vor Malaria schützt. Den Rest haben wir in unsere Taschen gesteckt. Was für ein Fund!

*Quassia amara: *Mit den Blättern dieser Pflanze kann man Malaria behandeln. Viele moderne Medikamente bauen auf dem traditionellen Wissen indigener Völker auf.*

Den hier haben wir gerade gefunden:
einen drei-gestreiften Pfeilgiftfrosch.
Er ist nach dem giftigen Sekret auf seiner Haut
benannt, in das Jäger ihre Pfeilspitzen tunken.

Mit jedem Schritt wird der Dschungel dichter, als ob er uns den Weg versperren will. Unsere Beine werden schwächer, unsere Hände sind rau. Wie weit ist es noch bis zum Berggrat?

16:00 Uhr

Wir stehen vor einer Wand. Ich habe keine Ahnung, wie es jetzt weitergehen soll. Das Wasser stürzt aus einer Felsspalte etwa 18 Meter über uns einen steilen Hang herab. War's das? Müssen wir aufgeben?

Bibi schaut, ob es irgendwo seitlich einen Weg gibt. Gerade ruft sie, dass sie ein Stück entfernt Licht sehen kann. Gott weiß, was da oben ist. Es ist wahrscheinlich pure Verzweiflung, aber ich werde ihr hinterhergehen.

Meine Hände zittern. Vor uns liegt ein See, der umgeben ist von steil abfallenden Berghängen. Es fühlt sich unwirklich an, aber wir haben sie gefunden: die Quelle, aus der der Letzte Fluss gespeist wird. Der Ort ist gefunden, der nie gefunden werden sollte. Um uns herum ist es ganz still. Es ist, als ob wir auf eine Party gegangen sind – und plötzlich hört die Musik auf, als wir den Raum betreten. Eine geheime Versammlung, die seit Anbeginn der Zeit stattfindet. Ich habe ein paar Klammeraffen entdeckt, die sich in den Ästen über uns verstecken, auf uns hinunterschauen und sich wahrscheinlich fragen, was um alles in der Welt wir darstellen sollen. Die Luft bewegt sich kaum. Auf der anderen Seite des Sees steht ein Tapir im Nebel und schnuppert die Luft.

Zu meinen Füßen fließt ein Bach mit kühlem, klarem Wasser über einen moosbewachsenen Felsvorsprung und ergießt sich weiter unten in den See.

Offenbar stammt das Wasser des Regenflusses aus diesem See. Das würde auch erklären, warum es ihn die meiste Zeit des Jahres nicht gibt: Er fließt nur zu Beginn der Regenzeit, wenn der See überläuft. Abgesehen von der schmalen Schlucht, die der Fluss gebildet hat, scheint dieses Tal völlig von der Außenwelt abgeschottet zu sein. Eine verlorene Welt, unerreichbar für neugierige Augen.

Bibi ist unterwegs, um einen Lagerplatz zu suchen. Ich sitze hier, zeichne und habe noch nie so viel Ehrfurcht vor einem Ort empfunden. Ich stelle mir vor, wie Schomburgk neben mir sitzt und lächelt. Es ist das Lächeln eines Mannes, der endlich die Last eines lang gehüteten Geheimnisses mit jemandem teilen kann. Zumindest einen Teil davon.

Dies ist die verrottende Pflanze oder der Pilz, der für das seltsame Licht verantwortlich war.* Ausnahmsweise weiß Bibi nicht genau, was es ist. Für mich ist das die eigentliche Entdeckung.

Wir hatten unsere Taschenlampen ausgeschaltet, um Glühwürmchen zu beobachten, da sahen wir, dass der Waldboden hinter dem Lager leuchtete.** So etwas habe ich noch nie gesehen. Als ob der gesamte Waldboden miteinander in Verbindung steht.

19:00 Uhr

Wir haben unser Lager am Ostufer aufgeschlagen. Der See liegt ganz ruhig da. In der kühlen Nachtluft spüre ich den warmen Sand unter meinen nackten Füßen. Vor dem kühlen Nachthimmel wirken die dunklen Berggipfel ganz nah. Es ist, als befänden wir uns auf der Bühne eines riesigen Amphitheaters. Die Lichter sind aus, es ist still, und trotzdem ist alles lebendig. Ich kann jeden Baum spüren und jedes Tier, das auf uns herabschaut. Sie flüstern miteinander und fragen sich, was wir sind und was wir hier wollen.

*Brunneocorticium corynecarpon: Eine Pilzart mit Antibiotika-ähnlichen Eigenschaften. Wissenschaftler vermuten, dass Vögel sie beim Nestbau verwenden, um ihre Jungen vor Infektionen zu schützen.
**Ein Phänomen, das von biolumineszenten Pilzen erzeugt wird. Wir wissen heute, dass Waldbäume über das im Boden verborgene Netzwerk von Pilzen, das Myzel, miteinander kommunizieren können.

Fledermäuse fliegen aus einer Höhle hinter dem Wasserfall.

Während ich es zeichnete, schaute es uns an. Es hatte keine Angst. Dann krabbelte es langsam wieder zurück in die Baumkrone. Bibi sagt, dass sie einmal in der Woche herunterkommen, um unten am Stamm ihr großes Geschäft zu verrichten. Damit düngen sie zugleich den Baum.

Eine Unechte Korallenschlange ist gerade aus dem Baum über uns gefallen. Sie tut so, als sei sie eine der giftigsten Schlangen der Welt. Bibi ist ganz aufgeregt, sie kennt ihre farbige Zeichnung nicht.*

Faultier

Zurückgelegte Strecke

Schlange

Wasserfall und Höhle

Bibi summt, während sie den Maniok raspelt. Ich habe solchen Hunger, dass ich nicht abwarten kann und mir direkt ein Stück in den Mund stecke. Es ist bitter. „Das ist die Blausäure", erklärt sie fröhlich. Ich spucke den Maniok sofort aus. Offenbar muss man ihn erst kochen.

Einer der Wasserfälle, die vom Steilhang herunterstürzen

Da wir nur noch eine Plane haben, habe ich ein Dach aus Palmen gebaut, falls es regnet. Auf der anderen Seite des Sees ist alles wieder ruhig.

*Unechte Korallenschlange. Höchstwahrscheinlich eine Erythrolamprus aesculapii.

Über uns ragen riesige Mora-Bäume in den Himmel. Neben den Wurzeln fühlen wir uns so klein wie Ameisen zwischen den Blättern. Wir hören kaum ein Geräusch, außer wenn hin und wieder ein großer Samen aus diesen Bäumen zu Boden fällt.

Der Geisterfrosch (oder Glasfrosch, wie Bibi ihn nennt) ist auf dem Blatt kaum zu erkennen. Endlich haben wir ihn gefunden!

Der Geisterfrosch

Ich war gerade beim Abspülen nach dem Abendessen, als ich Bibi rufen hörte. Sie kauerte zwischen Wurzeln und Schlingpflanzen und leuchtete mit der Taschenlampe auf ein Blatt. Zuerst sah ich gar nichts. Dann bemerkte ich zwei Augen und den Umriss eines Frosches, der mit dem Grün des Blattes zu verschmelzen schien, als wäre er aus Glas. Unter der Haut konnte ich sein Herz schlagen sehen. Wir bugsierten ihn vorsichtig in einen Behälter und brachten ihn zum Lager.

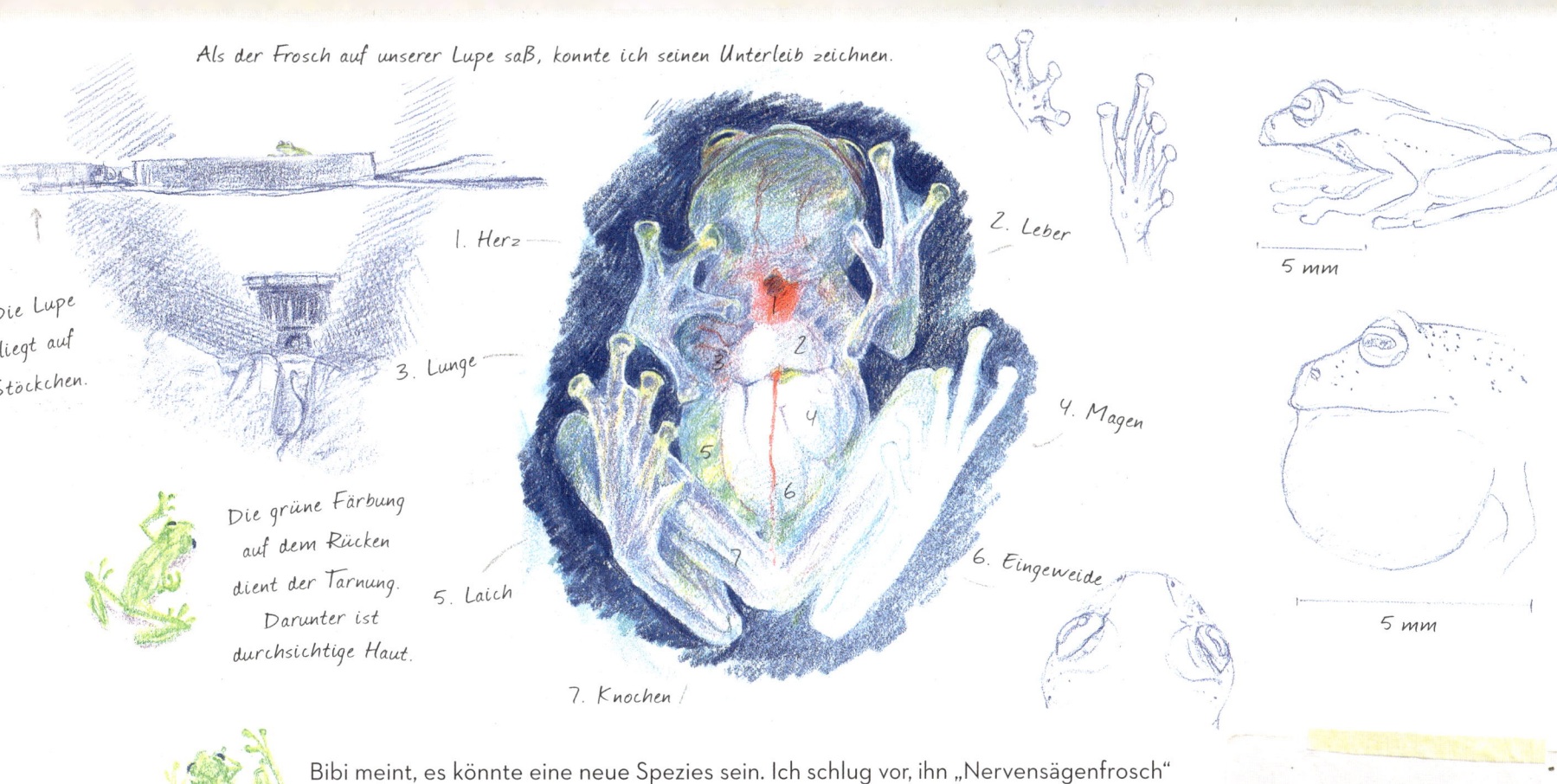

Als der Frosch auf unserer Lupe saß, konnte ich seinen Unterleib zeichnen.

Die Lupe liegt auf Stöckchen.

1. Herz
2. Leber
3. Lunge
4. Magen
5. Laich
6. Eingeweide
7. Knochen

Die grüne Färbung auf dem Rücken dient der Tarnung. Darunter ist durchsichtige Haut.

Tatsächliche Größe

5 mm

5 mm

Bibi meint, es könnte eine neue Spezies sein. Ich schlug vor, ihn „Nervensägenfrosch" zu taufen. Offenbar geht das nicht: Er braucht einen lateinischen Namen, der die Gattung beinhaltet. Dann eben *Hyalinobatrachium bibi*.

Es kommt mir so vor, als würden wir durch einen unsichtbaren Schleier in eine Welt blicken, die nur wir sehen können. Diese kleine Welt gibt es schon seit Jahrtausenden – und doch fühlt sie sich an, als sei sie erst jetzt, wo wir sie erleben, wirklich. Wie viele Tierarten gibt es wohl auf der Welt, die wir Menschen noch nicht kennen?* Bibi meint, es sind Millionen. Und dass viele davon aussterben werden, bevor sie überhaupt entdeckt werden, allein weil der Regenwald abgeholzt wird. Vielleicht ist unser neuer Freund schon der Letzte seiner Art. Und niemand wird je erfahren, dass es ihn gegeben hat. Verschwunden, wie ein echter Geist. Vielleicht habe ich jetzt endgültig den Verstand verloren. Oder noch schlimmer – vielleicht verwandle ich mich langsam in Bibi.

Gattung: Hyalinobatrachium

Art: ----- unbekannt (möglicherweise H. cappellei)

Geschlecht: weiblich

Iris des Auges: gelb

Farbe des Herzbeutels: durchsichtig

Tarsalfalte: vorhanden

Tuberkel: nicht vorhanden

*Wissenschaftler schätzen heute, dass es Millionen von Tierarten gibt, die noch nicht beschrieben wurden. Viele von ihnen leben unentdeckt im Amazonasbecken.

Versuch einer Skizze mit Federkiel und Pigmenten aus Annattosamen

18. April

Heute wollen wir die andere Seite des Sees erkunden. Nach dem Fund gestern Abend wirkte Bibi, als hätten sich all die Strapazen für sie endlich gelohnt. Wenn man sich unsere wenigen Habseligkeiten ansieht, ist es kaum zu glauben, wie wenig wir zum Leben brauchen. Bibi hat eine Luffa besorgt und Shampoo aus Maniokwurzeln hergestellt. Ich habe mit den Stacheln einer Palme eine Bürste für ihren Kulturbeutel gemacht. Wer hätte gedacht, dass der Dschungel so ein tolles Kosmetikgeschäft ist?

14:00 Uhr

Wir haben etwa 200 Meter vom Westufer des Sees entfernt einen Paranussbaum gefunden. Er ragt hoch über das Kronendach hinaus, wir können gerade noch seine Äste erkennen und als kleine Punkte die kokosnussähnlichen Früchte, die die Paranüsse enthalten. Bibi meint, der Baum könnte über 500 Jahre alt sein. Leider werden die Früchte mit den Nüssen erst in ein paar Wochen herunterfallen, wenn die Regenzeit einsetzt. Bibi hob eine alte Frucht auf, offen und ohne Nüsse darin.

*Das Aguti hat scharfe Zähne, mit denen es die Früchte öffnet. Es frisst die Nüsse, und die, die es nicht direkt frisst, versteckt es an anderen Orten. Oft vergisst es später die Verstecke, und dort wachsen dann neue Bäume. Ohne die Agutis könnten sie sich nicht ausbreiten.

„Die Agutis", sagte sie, „sind die einzigen Tiere, die die harte Samenhülle öffnen können. Ohne sie kann der Baum seine Samen nicht verbreiten."* Ich muss an die zwei toten Agutis im Boot der beiden Goldsucher denken. „Schau!", rief Bibi und deutete in die Schale hinein. „Ein Paranuss-Pfeilgiftfrosch! Sie laichen in Schalen, die von den Agutis geleert worden sind und in denen sich Regen gesammelt hat." Unglaublich, wie hier alles aufeinander angewiesen ist.

18:00 Uhr

Heute Abend hat mir Bibi von ihren Cousins erzählt, die im Wald Paranüsse ernten. In letzter Zeit fällt ihre Ernte immer kleiner aus. Sie glauben, dass es etwas mit dem Rauch der Brandrodungen zu tun hat, der die Bienen vertreibt.** Viele Leute müssen sich einen neuen Job suchen und werden Goldgräber oder Holzfäller. Offenbar sind nicht nur die Tiere auf diese Bäume angewiesen.

Ich schaue zu, wie die Maniokwurzeln vor sich hin köcheln. Bibi ist losgezogen, um nach weiteren Fröschen zu suchen. Als Bibi die Goldgräber erwähnte, wurde mir klar, dass ich in den letzten Tagen gar nicht mehr an Schomburgk oder die Karte gedacht habe. Vielleicht werde ich morgen das kleine Tal erkunden, das ich vom anderen Ufer aus gesehen habe.

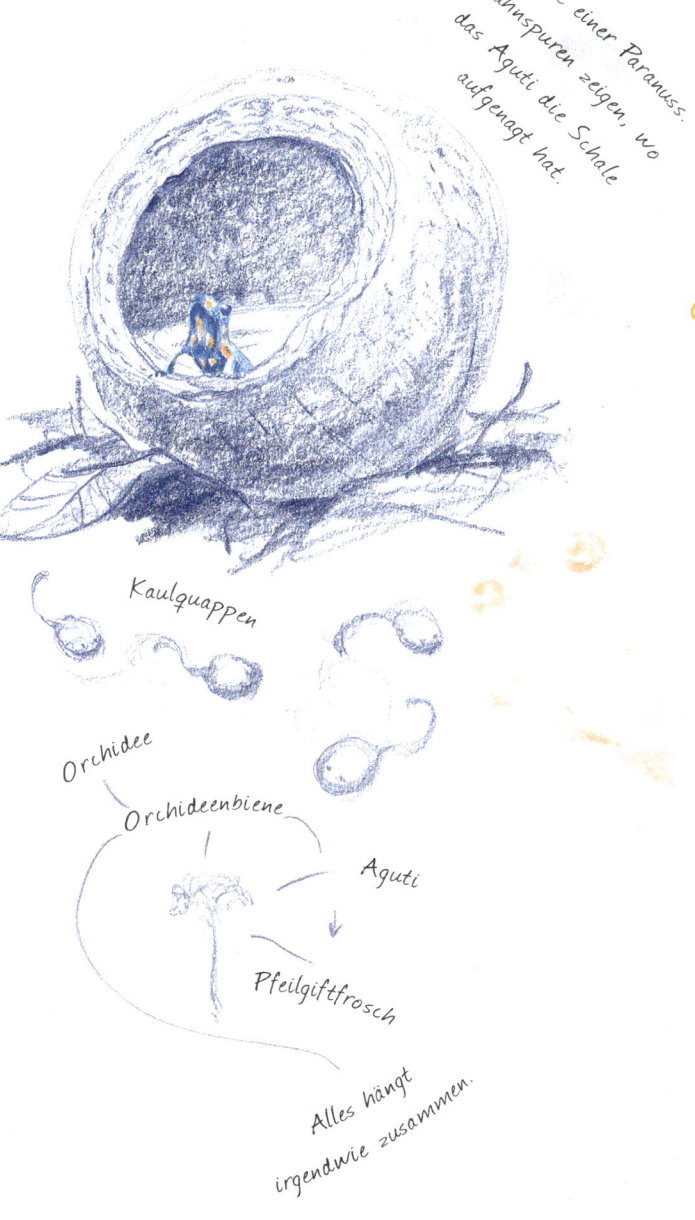

Schale einer Paranuss. Zahnspuren zeigen, wo das Aguti die Schale aufgenagt hat.

Kaulquappen

Orchidee
Orchideenbiene
Aguti
Pfeilgiftfrosch

Alles hängt irgendwie zusammen.

**Wo Regenwälder abgeholzt und verbrannt werden, wirkt sich das auf die Populationen von Orchideenbienen aus. Zudem können sich die Paranussbäume nicht mehr vermehren. Der Paranussbaum steht inzwischen auf der Roten Liste gefährdeter Arten.

19. April

Ich sitze gerade am Rande eines kleinen Baches. Oberhalb des moosbewachsenen Felsvorsprungs vor mir läuft eine große Quarzader schräg über die Felswand. Darin glänzen goldene Linien. Ein Stück seitlich davon hat jemand mit einem Hammer Löcher in den Fels gehauen und Quarz herausgebrochen. Schomburgks Expedition! Ich hatte die ganze Zeit recht. Das ist das Geheimnis der Karte.

Vor einer knappen Stunde habe ich das Gold entdeckt. Seitdem sitze ich hier und starre es an. Ich verstehe nicht, warum es noch da ist. Warum ist Schomburgk nicht wiedergekommen, um es sich zu holen? Wenn ich mich umschaue, sehe ich überall glitzerndes Metall im Gestein. Und ich weiß, das ist nur ein kleiner Teil. Zahllose Regengüsse werden Gold aus den Felsen gewaschen haben – der See muss eine riesige Goldwaschpfanne sein. Meine Hand zittert, wenn ich daran denke.

Der Reichtum ist kaum vorstellbar.

In mir tobt ein Krieg. Der Weg hierher war so weit. Ich will dieses Gold haben. Doch dann fällt mir ein, was das bedeuten würde: Maschinen und Arbeiter würden das Tal zerstören. Kaum etwas würde überleben. Ich denke an den Glasfrosch, die Käfer, den Aguti.

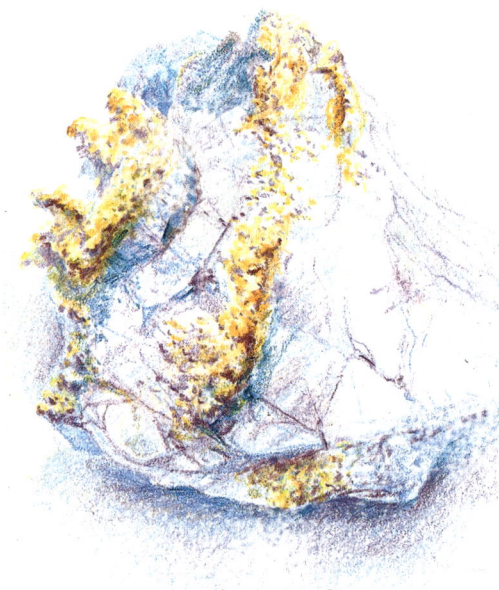

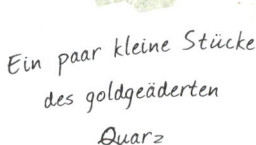

Ein paar kleine Stücke des goldgeäderten Quarz

Nutkin. Ich betrachte den Klumpen Quarz in meiner Hand. Er ist leblos. Er atmet nicht. Nicht wie der Wald. Nicht wie die vielen Lebewesen hier. In ihm schlägt kein Herz. Bibi hatte die ganze Zeit recht.

Vielleicht ging es Schomburgk genauso wie mir. Mir fällt keine andere Erklärung ein, warum das Gold und diese Landschaft noch unberührt sind. Auch ihm muss klar gewesen sein, dass ihn der Letzte Fluss in ein verlorenes Paradies geführt hatte. Er wusste, dieser wundersame Ort würde zerstört werden, würde er ihn jemals erwähnen. Ich sehe ihn fast vor mir, wie er vor vielen Jahren auf diesem Felsen saß. Das gleiche schweißgetränkte Hemd. Das gleiche Rascheln des Windes in den Blättern, das ihn auffordert, innezuhalten und zu lauschen. Auch er hat sich vom Urwald verzaubern lassen.

Falls das stimmt, dann wussten bestimmt auch die Dorfbewohner vom Letzten Fluss. Ich dachte, sie lügen uns an, um eine verschollene heilige Stadt zu schützen. Aber vielleicht ging es ihnen nur um den Regenwald – das Land und die Berge selbst sind ihnen heilig.

Ja. Das Gold war das Geheimnis. Aber Schomburgk und die ~~Wapishana~~* wollten, dass das Tal geheim bleibt. Und obwohl ich das nie für möglich gehalten hätte: Das will ich auch. Doch ich werde diesen Klumpen hier als Andenken behalten. Schließlich bin ich immer noch kein Heiliger.

*Hier stand höchstwahrscheinlich der Name des indigenen Volkes, das in dieser Gegend lebt.

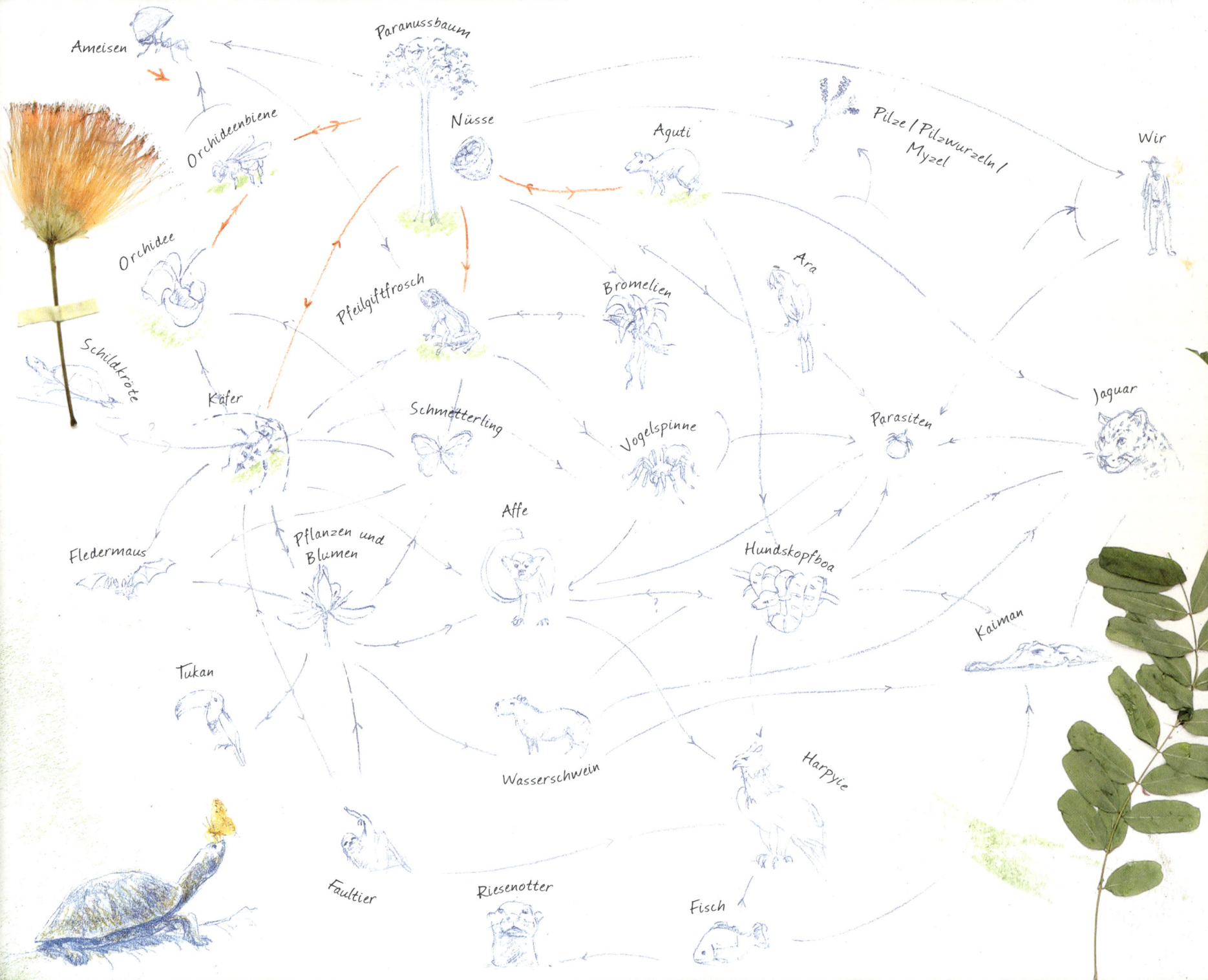

20. April

Während ich zeichne, entdecke ich eine verborgene Welt:
Eine kleine Eidechse taucht hinter einem Stein auf und
schwimmt zu einem neuen Sitzplatz in der Sonne. Die Wellen
verzerren das Spiegelbild des Blätterdachs. Ein Mimosenblatt
öffnet seine grünen Finger, als ob es den Kolibri begrüßt,
der neben ihm in der Luft schwebt. Am Ufer lässt sich ein gelber
Schmetterling auf dem Kopf einer Schildkröte nieder.* Das alles wirkt wie
ein Ritual in einer Sprache, die ich nicht spreche. Immerhin darf ich es mir anschauen.

Wie viele solche Wunder sind mir wohl schon begegnet, die ich nicht beachtet habe?
Hier in der Natur ist alles miteinander verbunden. Die Bienen brauchen die Orchideen.
Die Paranussbäume brauchen die Bienen. Die Agutis brauchen die Paranüsse und umgekehrt.
Die Kaulquappen der Pfeilgiftfrösche brauchen die Agutis. Alle brauchen einander, um zu überleben.
Es ist ein unvorstellbar heikler Balanceakt. Wenn man nur einen der Fäden durchtrennt, kann alles
zusammenbrechen. Und wir sind die einzige Spezies, der es gelungen ist, die Kettensäge zu erfinden.
Dabei erkennen die meisten von uns nicht einmal, was für ein Wunderwerk die Natur ist.
Als ich hierherkam, dachte ich ja auch, der Urwald wäre unverwundbar.
Das Gegenteil ist der Fall: Er ist ein zartes Geflecht aus tausend Elementen,
die alle miteinander verwoben sind und versuchen zu leben.
Und wir Menschen sind ein Teil davon.

Am Horizont ziehen Gewitterwolken auf. Der Wind frischt auf.
Offenbar kommt die Regenzeit früher. Bibi sagt, der Fluss und die
Wasserfälle würden bald überlaufen, und dann wäre es zu gefährlich,
darauf mit dem Kanu zu fahren. Aber vielleicht haben wir heute einen
Weg gefunden, der auf den Berggrat hinaufführt. Morgen früh packen wir
den Rest unserer Ausrüstung und unseren Maniok-Vorrat ein und brechen auf.

Ein Kolibri wurde vom leuchtenden Ende meines Buntstifts angelockt. Seine dünne Zunge schnellte hinaus und hinein, um von dieser seltsamen Blume zu kosten – bis er merkte, dass sie nicht nach Nektar schmeckte.

*Wir wissen, dass manche Schmetterlinge im Amazonasgebiet die Tränen von Schildkröten trinken, um sich mit Salz zu versorgen.
Ob die Schildkröte davon auch was hat, ist unklar.

Nutkin, unser Begleiter – zurück von den Toten!

21. April

Bibi weint, und ich tue so, als hätte ich etwas im Auge. Gerade ist etwas Unglaubliches passiert.

Wir liefen durch den Urwald, als es in den Bäumen vor uns quietschte und raschelte. In etwa 15 Metern Höhe turnte eine kleine Gruppe Totenkopfaffen durch die Baumkronen. Ich musste an Nutkin denken. Wir gingen weiter, dann kletterte plötzlich eines der Äffchen den Baum herunter und kam auf uns zu. Bibi und ich blickten uns an, als ob wir das Gleiche dachten: Das kann er unmöglich sein! Dann sahen wir, dass er leicht hinkte.

Seit zehn Minuten läuft Nutkin auf einem Ast etwa sechs Meter über uns hin und her. Er weiß nicht genau, ob er näherkommen soll. Wir können es nicht glauben. Wie hat er die Stromschnellen überlebt? Wie hat er seine Familie gefunden? Ist das überhaupt seine Familie? Wir werden es wohl nie erfahren. Aber das ist auch nicht so wichtig. Unser kleiner Begleiter lebt und ist in Sicherheit.

Ob er den anderen Totenkopfaffen etwas über uns erzählt hat? Bestimmt, dass ich der nettere dieser zwei großen Affen war: Ich gab ihm mehr von meinem Essen ab und hatte die besseren Witze auf Lager.

Bibi bietet Nutkin etwas Palmherz an. Es fühlt sich alles unwirklich an. Ich will gar nicht weg hier.

Route über die Berge

Bergrücken

KLIPPEN

× Wasserfälle

Tal

LAGER

Letzter Fluss

Wahrscheinlich hat er eher erzählt, dass ich nachts schnarche und ständig mit kleinen bunten Stöckchen spiele.

Gerade eben ist er zurück in die Baumkrone geklettert. Zu den anderen. Umso besser, denn wir müssen weiter. Wir folgen dem versteckten Tal, das wir von der anderen Seite des Sees aus gesehen haben. Hoffentlich gelangen wir hier auf den Kamm des Berges.

15:00 Uhr: Durch Lücken im Blätterdach sehen wir den Berggrat. Mit jedem Schritt bergauf spüre ich meine Hoffnung steigen. Kommen wir wirklich hier raus?

Wir haben den Berggrat erreicht. Unter uns verschwinden der See und das verborgene Reich des Letzten Flusses langsam unter den Wolken. Wenn ich in das Tal hinunterblicke, möchte ich alle seine Geheimnisse mit der Welt zu teilen. Doch ich werde sie nur mit meinem Tagebuch teilen, sonst mit niemandem. Ich dachte immer, dass das Gold der Schatz sei. Auf diesen Seiten und in diesen Bildern habe ich aber etwas viel Wertvolleres entdeckt: eine Ahnung davon, was das Leben ausmacht.

Wie der Zeichner der Karte hatte ich mir vorgenommen, die Natur zu überwinden, sie zu erforschen – und zu erobern. Stattdessen hat die Natur mich erobert. Bibi und ich sind jetzt ebenfalls Hüter des Letzten Flusses.

Ich habe nun fast das Ende meines inzwischen ziemlich abgenutzten Notizbuches erreicht. Unsere Reise ist aber noch nicht zu Ende. Wenn wir weiterhin den Berggrat entlanggehen, kommen wir, wenn alles gut geht, in das Tal des alten Mannes. Sollten wir es nicht schaffen, werden unsere verwesenden Körper den Regenwald mit Nährstoffen versorgen. In dem Fall sind zumindest die Geheimnisse, die ich diesem Tagebuch anvertraut habe, in Sicherheit.

Ein letzter Blick auf den Gebirgsfluss in der Ferne:
Ich muss an ein altes Gedicht der Maori
in Neuseeland denken.

E rere kau mai te awa nui nei
Mai i te kahui maunga ki Tangaroa
Ko au te awa
Ko te awa ko au

Der Fluss fließt
Von den Bergen zum Meer
Ich bin der Fluss
Der Fluss ist ich

Ich habe das Heulen des nächtlichen Dschungels gehört.

Bin unter Baumkronen gewandelt.

Durch die kaum ein Lichtstrahl drang.

Doch vor allem

Habe ich gesehen, wo das Leben zu Hause ist.

Habe ich das Land der tausend Wasser berührt.

Anmerkung des Herausgebers

Seit seiner Entdeckung wird dieses Tagebuch von Forschern des Natural History Museum in London untersucht. Der gläserne Frosch muss noch bestimmt werden, aber er könnte eine neue Art der Gattung *Hyalinobatrachium* sein. Wie es sich der Autor des Tagebuches gewünscht hatte, haben wir den Standort des Letzten Flusses auf der Karte geheim gehalten. Aber ich kann bestätigen: Es gibt diese Berge wirklich. Sie bilden heute eines der größten Naturreservate im nördlichen Amazonasgebiet. Sie sind einer der artenreichsten Lebensräume der Erde. Doch der Regenwald ist nach wie vor extrem gefährdet – durch die Ausweitung der Landwirtschaft sowie illegale Rodungen und Bergbau, die das Ökosystem und alle, die von ihm abhängen, gefährden.

Und was ist mit der Karte und dem Kartografen? Wir wissen, dass der Entdecker und Botaniker Richard Schomburgk die Region zusammen mit seinem Bruder bereiste und zwischen 1835 und 1844 detaillierte Berichte darüber verfasste. Ob Schomburgk die Karte anfertigte und den Letzten Fluss entdeckte, bleibt sein Geheimnis. Allerdings wissen wir, dass er nie an den Amazonas zurückgekehrt ist, daher könnte die Theorie des Autors zutreffen.

Das Messer mit den Anfangsbuchstaben scheint Edward Goodall gehört zu haben, dem Zeichner der Expedition.

Die Identität des Autors und seiner Kollegin ist immer noch ungeklärt.

Um mehr zu erfahren und die Welt des unbekannten Abenteurers zu erkunden, besuche doch einmal: *theunknownadventurer.com*

Auf den folgenden Seiten findest du eine Auswahl von Skizzen und Informationen, die zusammen mit dem Tagebuch gefunden wurden.

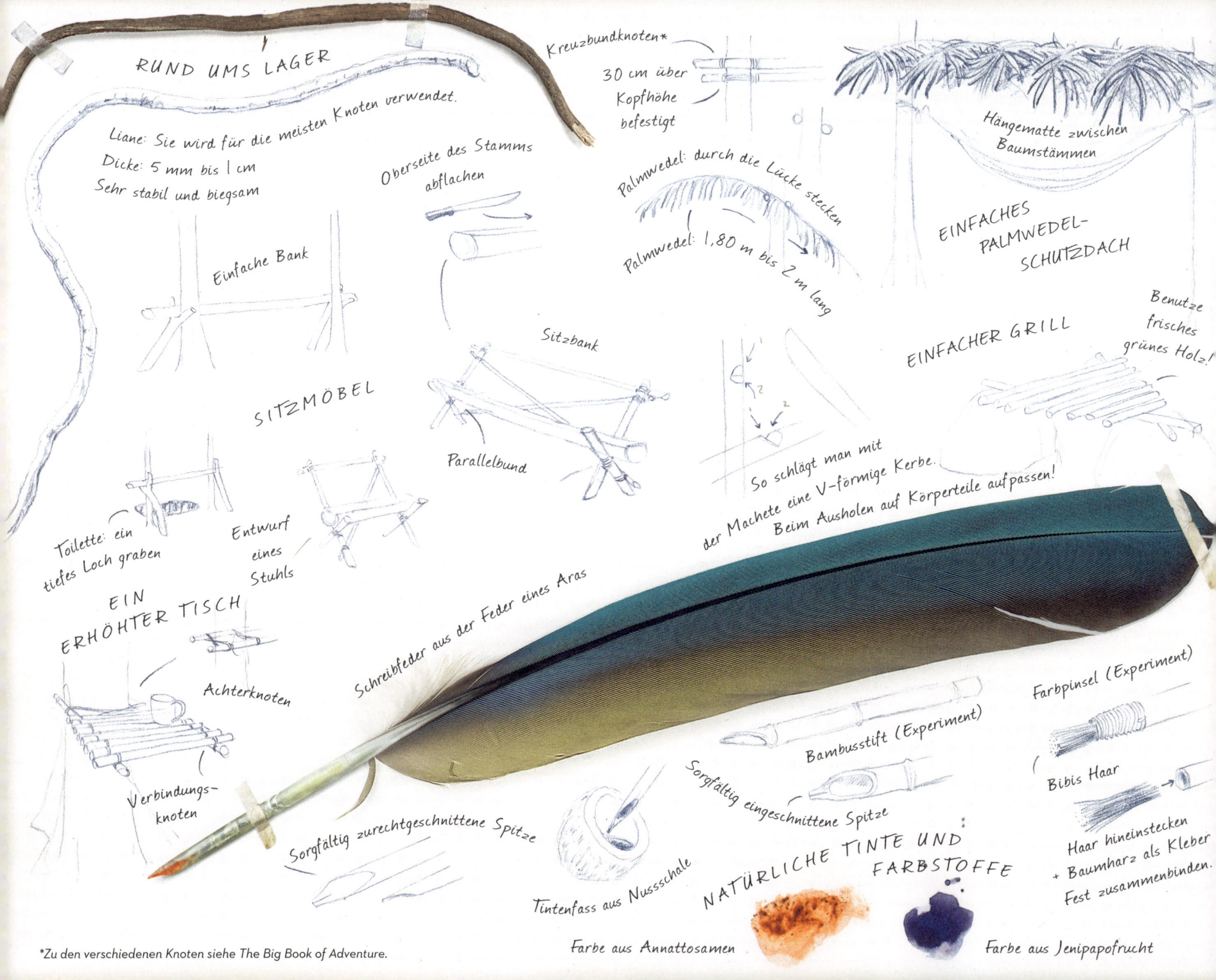

BIBIS PFEIL UND BOGEN

Traditionelle Bauweise der indigenen Völker mit Materialien aus dem Regenwald

DEN BOGEN HERSTELLEN

Bibi schnitzt den Bogen.

Grobe Form

Den Bogen glätten.

Die Bogenform regelmäßig prüfen

Sollte sich in der Mitte ausbalancieren

Fertiges Profil: Dicke je nach Holzart

160 cm

Langes, gerades Stück Wamaraholz. Eibe oder Esche funktionieren auch.

Form des Bogens innerhalb des Stücks Holz

An der Rückseite des Bogens abgeflacht

Mit einem Stock hat man weniger Arbeit, er ist aber weniger stabil.

Leicht gekrümmt.

Die Machete bewegt sich hin und her wie ein Hobel.

Winkel der Klinge

25 mm
18 mm

DIE NOCKEN ERSTELLEN

15 mm

Nocke mit Messer geformt

Nach hinten leicht schräg

DIE SEHNE HERSTELLEN

2 Schnüre werden zusammengedreht.

Fasern der Krawa-Pflanze

Werden gerollt, sodass eine dünne Schnur entsteht.

Sisalfaser funktioniert auch.

DAS SEIL AM BOGEN BEFESTIGEN

Bogensehne – doppelt so lang wie der Bogen

① Unterseite

Überhandknoten in der Mitte der Bogensehne

② Oberseite

Sackstich

③

Übrige Schnur in einer Reihe von Überhandknoten festgebunden, falls die Sehne reißt.

Sehne wird gedreht, um Länge und Kraft zu regeln.

Wird lose gelassen, wenn unbenutzt.

Fertiger Bogen

Einförmige Kurve

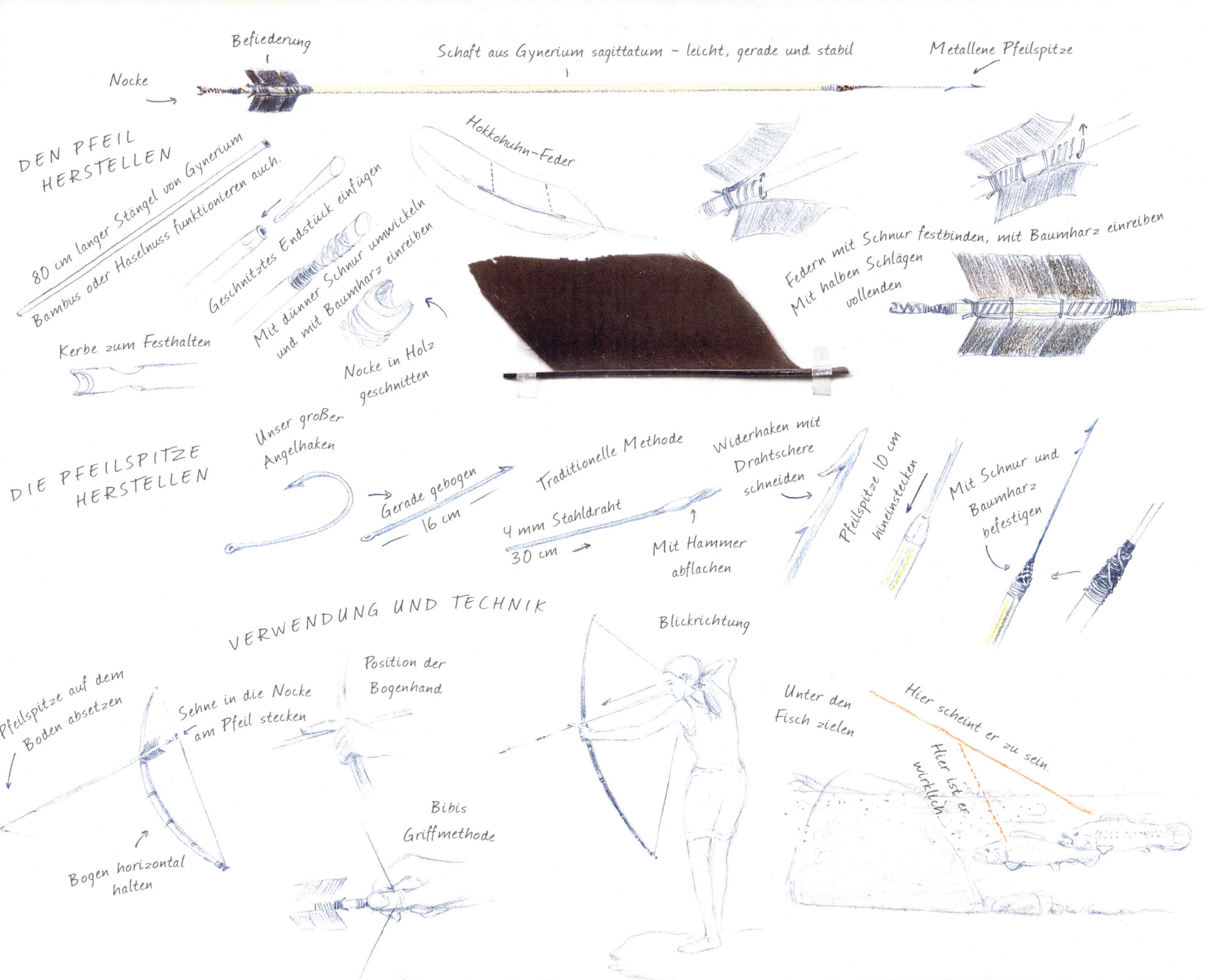

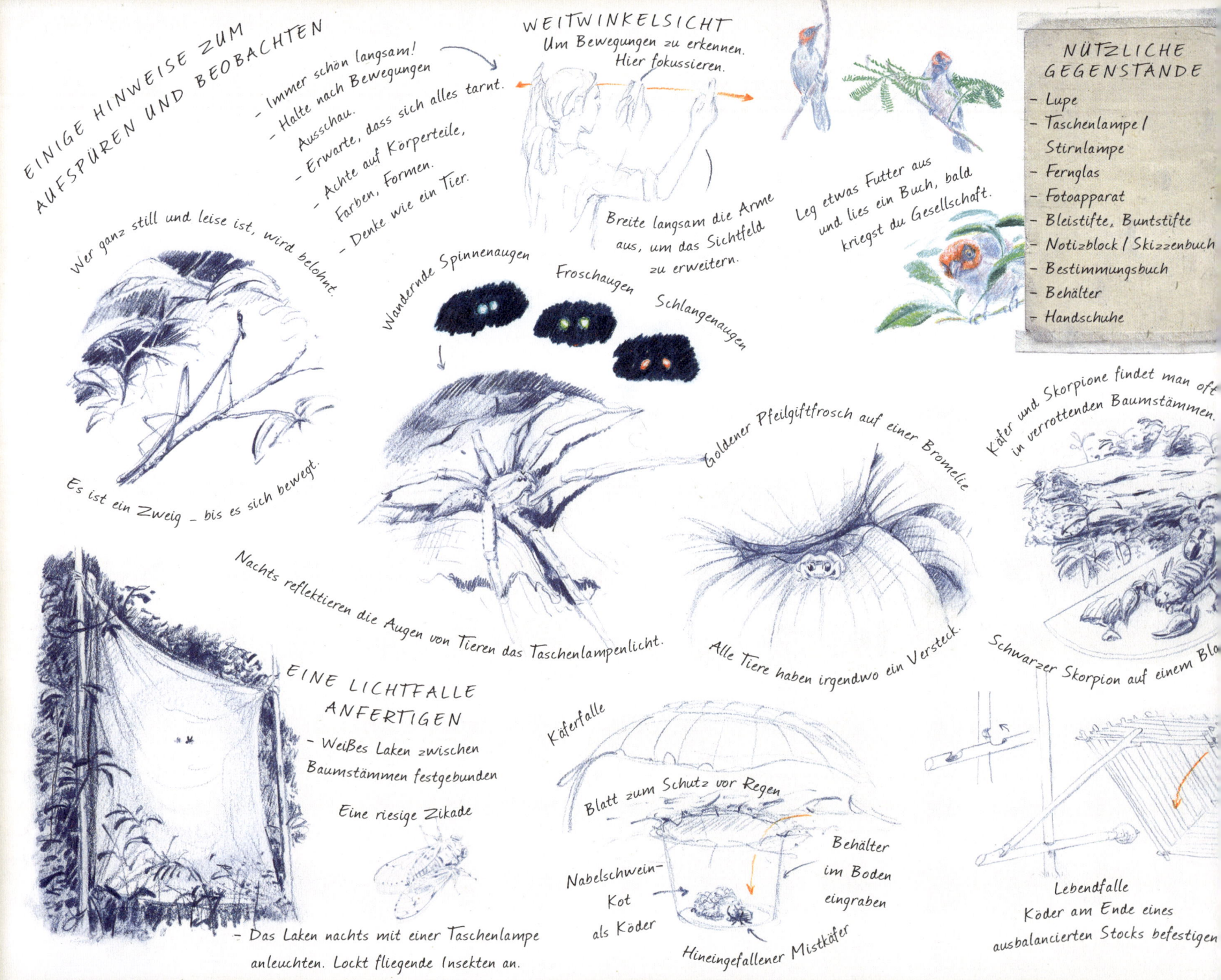

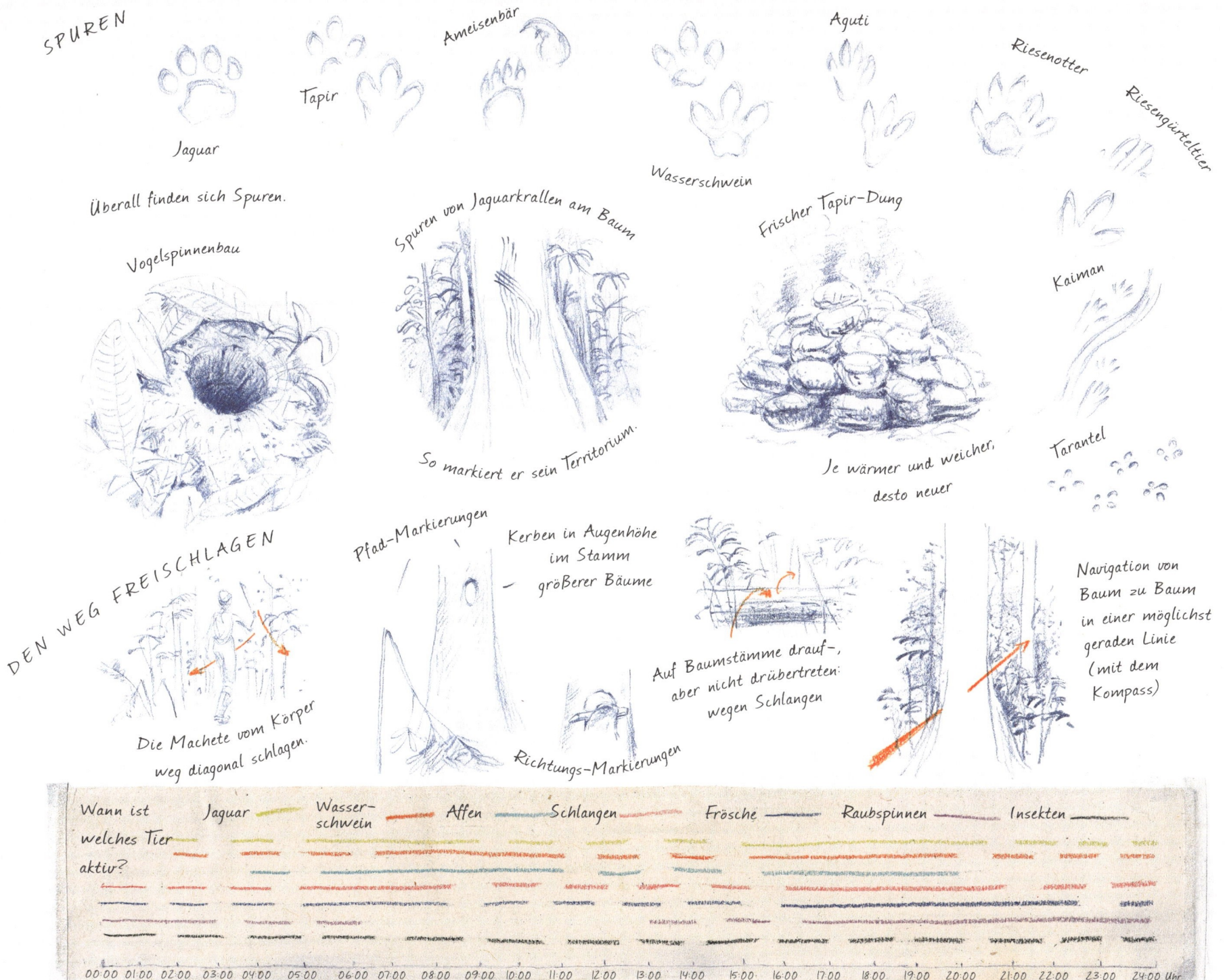

Die Herausgeber danken allen, die an der Veröffentlichung dieses historischen Dokuments mitgewirkt haben:
The Royal Geographical Society
The Natural History Museum
Royal Botanical Gardens, Kew
The Society of Authors
Die schönsten Abenteuer sind die, die man teilen kann.

B, E & G	B. G.	M. N.
C. R.	E. L.	S. F.
G. B.	A. S.	T. F.
E, J & A	H. C.	F. E. C.
D. D.-F.	S. W.	D. M.
J & H	J. M.	C. S.
P. K.	M. C.	M. C.
A. G.	H. L.-J., K. H.	M. J.
E. H.	R. H. S.	K. C.
W. M.	A. V. H.	E, P & M
W. C.	R. M.	

ACHTUNG

In diesem Buch geht es um ein gefährliches Abenteuer im Amazonas-Regenwald, bei dem jemand sehr viel riskiert. Nichts davon solltest du selbst ohne die Aufsicht eines Erwachsenen tun. Die Herausgeber dieses Buches übernehmen ausdrücklich keine Haftung für Verletzungen oder Schäden, die aus Aktivitäten entstehen, wie sie hier beschrieben sind.

© für die englische Ausgabe: 2021 Frances Lincoln Children's Books
Titel der Originalausgabe: *Journey to the Last River*
Text und Illustrationen: The Unknown Adventurer
© für die deutsche Ausgabe: 2022 Prestel Verlag, München · London · New York
ein Unternehmen der Penguin Random House Verlagsgruppe GmbH
Neumarkter Straße 28 · 81673 München

Der Verlag weist ausdrücklich darauf hin, dass im Text enthaltene externe Links vom Verlag nur bis zum Zeitpunkt der Buchveröffentlichung eingesehen werden konnten. Auf spätere Veränderungen hat der Verlag keinerlei Einfluss. Eine Haftung des Verlages ist daher ausgeschlossen.

Übersetzt aus dem Englischen von Cornelius Hartz

Projektmanagement: Constanze Holler
Lektorat: Heike Brillmann-Ede
Handlettering: Ben Rennen
Herstellung und Satz: Susanne Hermann
Druck und Bindung: 1010 Printing International Limited, China

Bei diesem Buch wurden die durch das verwendete Material und die Produktion entstandenen CO$_2$-Emissionen ausgeglichen, indem der Prestel Verlag ein Projekt zur Aufforstung in Brasilien unterstützt. Weitere Informationen zu dem Projekt unter:
www.ClimatePartner.com/14044-1912-1001

Penguin Random House Verlagsgruppe FSC® N001967

ISBN 978-3-7913-7515-1
www.prestel-junior.de